U0117545

陳福成著

陳福成著作全編

第七十九冊　非常傳銷學

文史哲出版社印行

國家圖書館出版品預行編目資料

陳福成著作全編 / 陳福成著. -- 初版. --臺北
市：文史哲,民 104.08
　　頁： 公分
　　ISBN 978-986-314-266-9（全套：平裝）

848.6　　　　　　　　　　104013035

陳福成著作全編

第七十九冊　非常傳銷學

著　　者：陳　　　　福　　　　成
出版者：文　史　哲　出　版　社
http://www.lapen.com.tw
登記證字號：行政院新聞局版臺業字五三三七號
發行人：彭　　　　正　　　　雄
發行所：文　史　哲　出　版　社
印刷者：文　史　哲　出　版　社
臺北市羅斯福路一段七十二巷四號
郵政劃撥帳號：一六一八〇一七五
電話886-2-23511028 · 傳真886-2-23965656

全 80 冊定價新臺幣 36,800 元

二〇一五年（民一〇四）八月初版

陳福成著作全編 總目

總　序

陳福成的一部文史哲政兵千秋事業

　　陳福成先生，祖籍四川成都，一九五二年出生在台灣省台中縣。筆名古晟、藍天、司馬千、鄉下人等，皈依法名：本肇居士。一生除軍職外，以絕大多數時間投入寫作，範圍包括詩歌、小說、政治（兩岸關係、國際關係）、歷史、文化、宗教、哲學、兵學（國防、軍事、戰爭、兵法），及教育部審定之大學、專科（三專、五專）、高中（職）等各級學校國防通識（軍訓課本）十二冊。以上總計近百部著作，目前尚未出版者尚約二十部。

　　我的戶籍資料上寫著祖籍四川成都，小時候也在軍眷長大，初中畢業（民57年6月），投考陸軍官校預備班十三期，三年後（民60）直升陸軍官校正期班四十四期，民國六十四年八月畢業，隨即分發野戰部隊服役，到民國八十三年四月轉台灣大學軍訓教官。到民國八十八年二月，我以台大夜間部（兼文學院）主任教官退休（伍），進入全職寫作高峰期。

　　我年青時代也曾好奇問老爸：「我們家到底有沒有家譜？」

　　他說：「當然有。」他肯定說，停一下又說：「三十

八年逃命都來不及了，現在有個鬼啦！」

　　兩岸開放前他老人家就走了，開放後經很多連繫和尋找，真的連鬼都沒有了，茫茫無垠的「四川北門」，早已人事全非了。

　　但我的母系家譜卻很清楚，母親陳蕊是台中縣龍井鄉人。她的先祖其實來台不算太久，按家譜記載，到我陳福成才不過第五代，大陸原籍福建省泉州府同安縣六都施盤鄉馬巷。

　　第一代祖陳添丁、妣黃媽名申氏。從原籍移居台灣島台中州大甲郡龍井庄龍目井字水裡社三十六番地，移台時間不詳。陳添丁生於清道光二十年（庚子，一八四〇年）六月十二日，卒於民國四年（一九一五年），葬於水裡社共同墓地，坐北向南，他有二個兒子，長子昌，次子標。

　　第二代祖陳昌（我外曾祖父），生於清同治五年（丙寅，一八六六年）九月十四日，卒於民國廿六年（昭和十二年）四月二十二日，葬在水裡社共同墓地，坐東南向西北。陳昌娶蔡匏，育有四子，長子平、次子豬、三子波、四子萬芳。

　　第三代祖陳平（我外祖父），生於清光緒十七年（辛卯，一八九一年）九月二十五日，卒於（年略記）二月十三日。陳平娶彭宜（我外祖母），生光緒二十二年（丙申，一八九六年）六月十二日，卒於民國五十六年十二月十六日。他們育有一子五女，長子陳火，長女陳變、次女陳燕、三女陳蕊、四女陳品、五女陳鶯。

　　以上到我母親陳蕊是第四代，到筆者陳福成是第五代，與我同是第五代的表兄弟姊妹共三十二人，目前大約半數仍在就職中，半數已退休。

　　寫作是我一輩子的興趣，一個職業軍人怎會變成以寫

作為一生志業,在我的幾本著作都詳述(如《迷航記》、《台大教官興衰錄》、《五十不惑》等」。我從軍校大學時代開始寫,從台大主任教官退休後,全力排除無謂應酬,更全力全心的寫(不含為教育部編著的大學、高中職《國防通識》十餘冊)。我把《陳福成著作全編》略為分類暨編目如下:

壹、兩岸關係

①《決戰閏八月》 ②《防衛大台灣》 ③《解開兩岸十大弔詭》④《大陸政策與兩岸關係》。

貳、國家安全

⑤《國家安全與情治機關的弔詭》 ⑥《國家安全與戰略關係》 ⑦《國家安全論壇》。

參、中國學四部曲

⑧《中國歷代戰爭新詮》 ⑨《中國近代黨派發展研究新詮》 ⑩《中國政治思想新詮》 ⑪《中國四大兵法家新詮:孫子、吳起、孫臏、孔明》。

肆、歷史、人類、文化、宗教、會黨

⑫《神劍與屠刀》 ⑬《中國神譜》 ⑭《天帝教的中華文化意涵》⑮《奴婢妾匪到革命家之路:復興廣播電台謝雪紅訪講錄》 ⑯《洪門、青幫與哥老會研究》。

伍、詩〈現代詩、傳統詩〉、文學

⑰《幻夢花開一江山》 ⑱《赤縣行腳‧神州心旅》 ⑲《「外公」與「外婆」的詩》、⑳《尋找一座山》 ㉑《春秋記實》 ㉒《性情世界》 ㉓《春秋詩選》 ㉔《八方風雲性情世界》 ㉕《古晟的誕生》 ㉖《把腳印典藏在雲端》㉗《從魯迅文學醫人魂救國魂說起》 ㉘《六十後詩雜記詩集》。

陸、現代詩(詩人、詩社)研究

㉙《三月詩會研究》 ㉚《我們的春秋大業：三月詩會二十年別集》 ㉛《中國當代平民詩人王學忠》 ㉜《讀詩稗記》 ㉝《嚴謹與浪漫之間》 ㉞《一信詩學研究：解剖一隻九頭詩鵠》 ㉟《囚徒》 ㊱胡爾泰現代詩臆說 ㊲王學忠籲天詩錄。

柒、春秋典型人物研究、遊記

㊳《山西芮城劉焦智「鳳梅人」報研究》 ㊴《在「鳳梅人」小橋上》 ㊵《我所知道的孫大公》 ㊶《孫大公思想主張手稿》 ㊷《金秋六人行》㊸《漸凍勇士陳宏》。

捌、小說、翻譯小說

㊹《迷情・奇謀・輪迴》 ㊺《愛倫坡恐怖推理小說》。

玖、散文、論文、雜記、詩遊記、人生小品

㊻《一個軍校生的台大閒情》 ㊼《古道・秋風・瘦筆》 ㊽《頓悟學習》 ㊾《春秋正義》 ㊿《公主與王子的夢幻》 51《迴游的鮭魚》 52《男人和女人的情話真話》 53《台灣邊陲之美》 54《最自在的彩霞》 55《梁又平事件後》。

拾、回憶錄體

56《五十不惑》 57《我的革命檔案》 58《台大教官興衰錄》 59《迷航記》 60《最後一代書寫的身影》 61《我這輩子幹了什麼好事》 62《那些年我們是這樣寫情書的》 63《那些年我們是這樣談戀愛的》 64《台灣大學退休人員聯誼會第九屆理事長記實》。

拾壹、兵學、戰爭

65《孫子實戰經驗研究》 66《第四波戰爭開山鼻祖賓拉登》。

拾貳、政治研究

⑥⑦《政治學方法論概說》　⑥⑧《西洋政治思想史概述》
⑥⑨《中國全民民主統一會北京行》、⑦⑩《尋找理想國：
中國式民主政治研究要綱》。

拾參、中國命運、喚醒國魂

⑦①《大浩劫後：日本311天譴說》、《日本問題的終極
處理》　⑦②《台大逸仙學會》。

拾肆、地方誌、地區研究

⑦③《台北公館台大地區考古‧導覽》　⑦④《台中開發史》
⑦⑤《台北的前世今生》　⑦⑥《台北公館地區開發史》。

拾伍、其他

⑦⑦《英文單字研究》　⑦⑧《與君賞玩天地寬》（別人評
論）　⑦⑨《非常傳銷學》　⑧⑩《新領導與管理實務》。

　　我這樣的分類並非很確定，如《謝雪紅訪講錄》，是
人物誌，但也是政治，更是歷史，說的更白，是兩岸永恆
不變又難分難解的「本質性」問題。

　　以上這些作品大約可以概括在「中國學」範圍，如我
在每本書扉頁所述，以「生長在台灣的中國人為榮」，以
創作、鑽研「中國學」，貢獻所能和所學為自我實現的途
徑，以宣揚中國春秋大義、中華文化和促進中國和平統一
為今生志業，直到生命結束。我這樣的人生，似乎滿懷「文
天祥、岳飛式的血性」。

　　抗戰時期，胡宗南將軍曾主持陸軍官校第七分校（在
王曲），校中有兩幅對聯，一是「升官發財請走別路、貪
生怕死莫入此門」，二是「鐵肩擔主義、血手寫文章」。
前聯原在廣州黃埔，後聯乃胡將軍胸懷，「鐵肩擔主義」
我沒機會，但「血手寫文章」的「血性」俱在我各類著作
詩文中。

　　人生無常，我到六十三歲之年，以對自己人生進行「總清算」的心態出版這套書。

　　回首前塵，我的人生大致分成兩個「生死」階段，第一個階段是「理想走向毀滅」，年齡從十五歲進軍校到四十三歲，離開野戰部隊前往台灣大學任職中校教官。第二個階段是「毀滅到救贖」，四十三歲以後的寫作人生。

　　「理想到毀滅」，我的人生全面瓦解、變質，險些遭到軍法審判，就算軍法不判我，我也幾乎要「自我毀滅」；而「毀滅到救贖」是到台大才得到的「新生命」，我積極寫作是從台大開始的，我常說「台大是我啟蒙的道場」有原因的。均可見《五十不惑》、《迷航記》等書。

　　我從年青立志要當一個「偉大的軍人」，為國家復興、統一做出貢獻，為中華民族的繁榮綿延盡個人最大之力，卻才起步就「死」在起跑點上，這是個人的悲劇和不智，正好也給讀者一個警示。人生絕不能在起跑點就走入「死巷」，切記！切記！讀者以我為鑑！在軍人以外的文學、史政有這套書的出版，也算是對國家民族社會有點貢獻，對自己的人生有了交待，這致少也算「起死回生」了！

　　順要一說的，我全部的著作都放棄個人著作權，成為兩岸中國人的共同文化財，而台北的文史哲出版有優先使用權和發行權。

　　這套書能順利出版，最大的功臣是我老友，文史哲出版社老闆彭正雄先生和他的夥伴們。彭先生對中華文化的傳播，對兩岸文化交流都有崇高的使命感，向他和夥伴致上最高謝意。(台北公館蟾蜍山萬盛草堂主人　陳福成　誌於二〇一四年五月榮獲第五十五屆中國文藝獎章文學創作獎前夕)

非常傳銷學

范揚松・陳福成 合著

〈本書作者簡介〉

陳福成
1952 年 6 月出生
台灣省台中市人

《學經歷》

- 陸軍官校 64 年畢業
- 復興崗政研所碩士班 77 年畢業
- 三軍大學 82 年畢業
- 保險業務考試及格 84 年
- 國軍野戰部隊營、連長、副指揮官、監察官,現任公職

《興趣》

寫作、研究、旅遊、讀書、保險、行銷

《作品》

- 「部隊管理與管教」74 年國軍軍事著作金像獎佳作
- 「台灣實施都市平均地權之研究」77 年復興崗論文集
- 「高登之歌」77 年現代詩銀詩獎
- 「決戰閏八月」(84 年金台灣出版)
- 「防衛大台灣」(84 年金台灣出版)
- 「非常傳銷學」(85 年金台灣出版)
- 其它學術論文、遊記、小說均見國內各報章雜誌

范揚松

1958 年 10 月出生

台灣省新竹縣人

《學經歷》

- 國立交大管理科學所博士研究，企業管理碩士
- 歷任北區房屋總經理，虹成科技執行副總，管理科學會輔導組組長，現代管理月刊總編輯
- 現任大人物管理顧問有限公司總經理，金台灣出版事業公司社長兼發行人
- 任教中原工業系、台大高階經理班、湖南中南工業大學客座教授
- 榮獲香港徵詩第一名（1978），兩屆國軍文藝金像獎（1980，1982），陸軍文藝金獅獎（1983），全國優秀青年詩人獎（1983）等大小獎項十餘次

《著作》

詩集「俠的身世」（1980），「帶你走過大地」（1983），「木偶劇團」（1990），論文「中鋼各階層主管工作態度之研究」（1985）及編著「人力資源管理」（1990），「成功巔峰」（1993），「生涯闖關」（1994）「業績倍增」（1994），「團結真有力」〈上、下冊〉（1995），「魅力登峰」（1996）「變中求勝」「制伏危機」（1996）「非常傳銷學」（1996）「暢銷 A 計劃」（1996），即將出版「與成功有約」錄音帶 24 卷

自序

跨越誤區，邁向成功新境

　　「非常傳銷學」的特色在於「方法」，一種正確、有效的方法，幫助傳銷人圓一個成功大夢。本書不是坊間一般傳銷入門書，而是把國內外傳銷業慣用的迷魂大法予以一一揭露，也把公交會判定的非法案例予以剖析，讓真實的面目呈現出來，使有志投入傳銷的朋友不要誤入迷陣。

跨越誤區，邁向成功新境

　　傳銷，被譽為當今行銷領域的顯學之一。有人視之為快速致富，拯救靈魂的神祇；有人視之玩弄人心，出賣朋友的撒旦；有人視之為層層剝削，吃人不吐骨的惡魔……對於傳銷的批評、愛恨、情仇實不絕於耳！

　　當「神祇、惡魔、撒旦」三位一體時，又如何分辨出它真實的面目？既然全世界都瘋迷傳銷的銷售手法，視為點石成金的金手指，為何各國政府都要制訂各種法規刑罰去約制它？各地的傳（直）銷協會為何需要訂出並一再強調「商德約法」？這正說明傳銷詭譎複雜，面目多變的特質。

　　有心人要藉傳銷的概念與手法推廣產品，或者藉傳銷迷魂陣去蠱惑一心想發財致富者，其間的差別很少！若非此中高手，很難洞悉其中玄機。法律邊緣的灰色地帶自然

經營大志典

❀成敗極知無定勢，是非元自要徐觀。

—宋・陸游

陷阱誤區極多，稍不留神即賠了夫人又折兵。

身為一個管理顧問，也在許多傳銷公司擔任教育訓練的工作，每想深入其間一窺堂奧，但往往難窺其全貌，心中一直有個念頭，希望為大眾或對傳銷有狂熱傾向者提供一帖清涼劑——理性地面對各種花樣的傳銷活動，經過思辨；後再採取行動，尤其是有效的傳銷行動。

因緣巧合之下，與陳福成兄一夕談，發現兩人都有共同的想法，乃有共同撰寫「非常傳銷學——傳銷陷阱與突圍對策」的提議。

所謂「非常」，即表明本書並不是一般市面上傳銷的入門書，也不是歌頌傳銷業如何神奇偉大的書，更不是找下線推薦商品的技巧書，而是把國內外傳銷業慣用的迷魂大法一一予以揭露，也把公交會判定的非法案例予以剖析，讓真實的面目呈現出來，使有志投入傳銷的朋友不要誤入迷陣。

經營大志典

❀當困難來訪時，有些人因之一飛沖天，也有人隨之倒地不起。

—俄・托爾斯泰

　　先求「破」，再求「立」；破其虛矯不真之處，才能找出立足點，才有可能在傳銷事業上逐級攀升到巔峯。有關傳銷各種問題都在書中有詳盡說明，毋庸贅述。在這裡可用兩個字點出「非常傳銷學」的特色：**方法**。

　　許多關於如何做傳銷（直銷）的書，都說它提供有心創業者一個圓夢的機會，描繪了完美的遠景，月入多少萬，又百萬名車……可惜沒有提出正確、簡易、有系統、有步驟的方法。初入傳銷的直銷商看後，一頭栽下去，過兩年依然在圓夢中——永遠在圓夢——圓一個永遠圓不到的夢，為甚麼？問題出在一把很重要的工具性東西——方法。

　　本書的特色就在方法，而且是正確、有效的方法。想要圓夢，尤其圓大夢——做大事業，絕對要用「正確、有效」的方法，大成功也絕沒有意外獲得，而是用正確的方法。

經營大志典

❀天下事，只在人力作為，到山窮水盡時，自有路走，只要切實去辦。

—清・胡林翼

做一個成功的傳銷人——用方法。

本書寫作分工，係由范揚松提出撰寫構想、大綱，並將可能的傳銷迷陣與突破之道整理出大要。陳福成兄則負責綜理各次級文獻、書刊及實務調查研究資料，撰寫有關章節。此外，張哲蒙先生提供許多寶貴秘笈，令人感激，傳銷界資深鑽石經理亦是卓越的傳銷經營者藍清水兄，亦不時耳提面命，啟發極多。最後感謝國內傳銷公司提供筆者教學相長的機會，為我打開了另一扇窗，壯濶了我的視野。

經營大志典

⚜充分的競爭心理，正當的競爭精神，就是使事業成功與督
　促個人向上的動力。

—日・松下幸之助

經營手記

緒論

為「傳銷」正名

　　傳銷具備有銷售者、經營者和消費者「三位一體」的特質，近十餘年風起雲湧，以爆發性的威力，對傳統的行銷市場產生革命性衝擊，形容傳銷是「資本主義新宗教」或「慈悲的資本主義」者均有之，已成未來行銷主流趨勢之一，這便是我們費心研究的主因。

為「傳銷」正名

提到「傳銷」，我們常聽到的還有「直銷」、「直效行銷」、「單層次直銷」、「多層次傳銷」及「金字塔型銷售」等五花八門，似乎都很類似。其實進一步分析、解剖，還有很大差異，很容易產生迷惑，有必要瞭解其各自不同的定位。

「直效行銷」（direct marketing），乃利用廣告媒體刊載有關產品訊息，消費者則以郵購或電話訂購，並享受送貨到家的服務。目前市面上常見的郵購目錄、直接函銷、電話行銷、媒體行銷及電子郵購，都是屬於直效行銷的不同方式。

「傳銷」與「直銷」有語意和範疇上的不同，直銷乃指銷售人員直接面對面把產品賣給顧客。傳銷則表示傳而

經營大志典

✿人生不是別人給予的，是靠自己創造的。創造人生時，必須經過三個階段——駱駝的人生、獅子的人生、嬰兒的人生。換言之，就是忍耐的人生、勇敢的人生、創造的人生。

—日・梅原猛

銷，銷後再傳，將「傳遞」與「銷售」有計畫的組織、連接起來，使組織網不斷擴大。因此，稱「傳銷」比稱「直銷」更合乎事實，直銷因為「不傳」，所以一般指「單層次直銷」（Uni-Level Marketing）。

傳銷目前在國內已得到合法的定位，即「公平交易法」第八條所指「多層次傳銷」，明確的定義是：

本法所稱多層次傳銷，謂就推廣或銷售之計畫或組織，參加人給付一定代價，以取得推廣、銷售商品或勞務及介紹他人參加之權利，並因而獲得佣金、獎金或其他經濟利益者而言。

所謂給付一定代價，謂給付金錢、購買商品、提供勞務或負擔債務（公平交易法，八十年二月四日）。

同時「多層次傳銷管理辦法」也在八十一年二月二十八日，由行政院公平交易委員會公布之，此即本書所要解剖的重點，概以「傳銷」正名，用圖表示如下：

經營大志典

✿每天都能憶及初入公司的欣喜和感激，工作就會充滿創意。

—日・松下幸之助

15

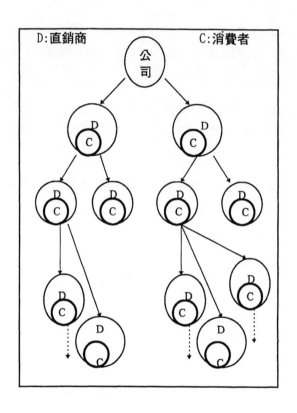

經營大志典

✤每一種工作都含著無窮的樂趣，只是我們未能把它發現出
　來而已。

　　　　　　　　　　　　　　　　　　　　　　　一法・盧梭

由圖表示，在銷售人員面對消費者，直接把產品銷售出去，這個「個體」行為者稱「直銷商」；對整個「總體」系統而言，則稱「多層次傳銷」（一般簡稱：傳銷）。傳銷具備有銷售者、經營者和消費者「三位一體」的特質，近十餘年風起雲湧，以爆發性的威力，對傳統的行銷市場產生革命性衝擊，形容傳銷是「資本主義新宗教」者有之，稱「慈悲的資本主義」者有之，總之已成未來行銷主流趨勢之一，這才是值得我們費心研究的主要原因。

在傳銷浪潮裡，多少有些逆流，對合法而常態經營的傳銷市場造成很大危害，甚至對傳銷人員或社會大眾構成迷思與陷阱，許多人受騙上當，經濟秩序亦為之破壞。這些不肖業者即「老鼠會」（此即金字塔型銷售 Pyramid Selling），以空賣空，純粹吸金，是非法變質的傳銷，必須嚴加判斷與區分。為讓大家「避害趨利」，本書的研究與展現方式採「先破後立」策略，先從公平交易委員會的判例中，

經營大志典

❀ 世上盡如人意的事並不多，咱們既然活著做人，就只能遷就咱們所處的實際環境，凡事忍耐些。

—印度・泰戈爾《沉船》

探討非法傳銷公司的內幕與常用手段，破解傳銷之迷惑與陷阱；再進一步剖析優良傳銷公司的條件，成為卓越直銷商之途徑，邁向鑽石之路，並評估西元二〇〇〇的傳銷前景，未來傳銷產品趨勢。

　　筆者也曾在傳銷界中摸索、困惑與徬徨，但我終於看到「它的明天不是夢」，傳銷是「後現代」的行銷主流，乃投入心力研究，希冀成為傳銷人的有力參考，引導你一步步邁向「鑽石之路」。

經營大志典

✤如果良機不來，你就自創良機。

—英・史近爾斯《自助論》

第一章

違法傳銷公司處分案判例

　　本章各節為近年遭受「公平交易委員會」處分的傳銷公司，從調查經過中探究非法傳銷公司致人迷惑，害人跳入陷阱的內幕事實。所用判例均來自行政院公平交易委員會的判決案（多層次傳銷案例彙集，八十四年四月），區分判決主文、違法事實及判決理由等三部份說明之，對違法事實之認定，一律以「公平交易法」及「多層次傳銷管理辦法」為解釋之依據。

　　案例列舉之後，並針對民國八十一年到八十四年間，被處分的違法傳銷公司對直銷商（尤其新加入直銷商）容易引起重大不利之處，從違法事實中找出叫人受騙上當的地方。

1-1風靡化粧品公司違法處分案

判決主文

一、被處分人（風靡化粧品公司，以下簡稱風靡公司）應於處分書送達翌日起，三十日以內，以書面修訂參加契約，以符合多層次傳銷管理辦法第四條、第五條之規訂，修訂後契約書須送本會備查。

二、經查被處分人，除有簡單的傳銷組織外，餘均欠缺，應於處分書送達翌日起十五日內，完成補充，並報會備查。

三、處被處分人新台幣三十萬元罰鍰。

四、被處分人與參加人（即直銷商）簽訂契約書時，約

經營大志典

❀熱心才是事業的精神。

一法・福樓拜

定商品轉售價格，違反公平交易法第十八條規定。

違法事實

風靡公司於八十一年四月，向公平交易委員會報備從事多層次傳銷，主要商品是「法蔻蒂麗榭」化粧品。公平交易委員會前往檢查，發現左列問題：

一、應補充部分：

　　㈠營運計畫或規章。

　　㈡開始營業或實施之日。

　　㈢關於銷售商品或勞務之瑕疵擔保規定。

　　㈣直銷商申請書暨契約書之內容，欠缺傳銷組織及計畫、營運規章及交易須知、參加人之義務及負擔、商品或勞務之價格及性能、瑕疵擔保責任之條件、直銷商退出之條件及權利、義務關係。

經營大志典

✿高貴的事業不是幻想就可得的。

　　　　　　　　　　　　　　　　　　—加拿大・蒙哥馬利

二、應修正部份：

　　㈠退貨辦法應依多層次傳銷管理辦法第五條規定修正之。

　　㈡直銷商轉售商品，依公平交易法第十八條，得自由決定轉售價格。

處分理由

　　一、按多層次傳銷管理辦法（簡稱：傳銷法）第三條規定，傳銷事業應將公司的傳銷組織、計畫、營運規章等相關事項，向公平交易委員會（簡稱：公交會）報備。

　　二、依「傳銷法」第四條規定，直銷商加入傳銷公司前，公司應將有關事項（如第四條的九項）告知直銷商，以保障直銷商權益。

　　三、依「傳銷法」第五條規定，直銷商加入傳銷事業，應在加入契約書中明訂解約、除權、退貨、價金返還等規

經營大志典

❀應該記住，我們的事業需要的是手，而不是嘴！

　　　　　　　　　　　　　　　　　　　　　　　一佚名

定。明訂退出組織的權利及義務關係。

四、按公平交易法（簡稱：公交法）第十八條規定，商品轉售（指直銷商傳銷商品）時，應容許其自由決定價格。風靡公司與直銷商簽訂「CARTINA經銷商銷售資格取得申請書暨契約書」，約定商品轉售價格，明顯違反「公交法」規定。

（公平交易委員會，八十一年十一月十四日）

❀舉大事慎其終始。

—《禮記・文王世子》

1-2 威擎公司用不實廣告吸引直銷商處分案

判決主文

一、被處分人（威擎公司）於八十一年八月在民生報登載其參加人（直銷商）收入廣告，有虛偽不實及引人錯誤之情事，違反「公交法」第二十一條。

二、公司與直銷商未依「傳銷法」第四條所規定之內容，簽訂書面契約書，應於處分書送達三十日內，將簽訂之契約書送「公交會」備查。

三、處被處分人新台幣三十萬元罰鍰。

經營大志典

✿我要把人生變成科學的夢，然後再把夢變成現實。

—法・居里夫人

違法事實

一、威擎公司在民生報所登廣告，稱其董事某君月入一百零三萬餘元，經理某君月收入八十三萬餘元。（董事、經理都是威擎公司直銷商之一個層級）經查均為不實虛偽廣告。

二、威擎公司在向「公交會」報備函中，稱公司與直銷商已簽訂經銷合約書，經查僅有「經銷商申請書」，與「傳銷法」第四條規定的參加契約不符合。

三、威擎公司雖訂有「退、換貨程序」，但規定十四天的「可退可換」期，人為毀損時，不得退貨。此與「傳銷法」第五條規定直銷商解約時之權利明顯不合。

處分理由

一、按「公交法」第二十一條，事業不得在商品或其

✤讓自己的內心藏著一條巨龍，即使是一種苦刑，也很快樂。

—法·雨果《笑面人》

廣告上，或以其他使公眾得知之方法，有虛偽不實或引人錯誤之表示或表徵。威擎公司登載不實廣告，其參加人（前述董事、經理）坦承並非實際收入，雙方均明顯違反「公交法」規定。

二、「傳銷法」第四條規定，公司與直銷商應正式締結書面契約，詳訂傳銷公司之組織、規章、商品內容，參加與退出的權利、義務關係。（注意，直銷商申請書不能取代契約書。）

三、「傳銷法」第五條規定，直銷商有契約解除權、終止權及商品退貨、價金返還之權利。

（公平交易委員會，八十一年十一月十四日）

經營大志典

❀處利，則要人做君子，我做小人；處名，則要人做小人，我做君子；斯惑之甚也。

—明・呂坤

1-3台灣妮芙露公司欠退貨、退款規定違法處分案

判決主文

一、被處分人（台灣妮芙露股份有限公司）與其直銷商所簽訂「加入契約書」，與「傳銷法」第四條規定不符合。

二、直銷商解除契約後三十日內，得辦理退貨，返還價金，被處分人（公司）均未規定，違反「傳銷法」第五條。

三、處被處分人新台幣三十萬元罰鍰。

違法事實

一、被處分人以銷售女性內衣為主要商品，其直銷商等級如下：

❀人生所缺的不是才幹，而是志向；不是成功的能力，而是勤勞的意志。

—英·部爾衛

㈠繳付新台幣（下同）二千元參加研修會後，為公司「美體專員」，有八折進貨之權，一個月內業績達十五萬元，晉升為「經理」。

㈡經理於一個月內業績六十萬元以上，且有兩名以上下線「經理」，參加「經理級研修會」，晉升為「區域經理」。

㈢區域經理在一個月內業績六百萬元，擁有下線區域經理五名以上，並參加「區域經理級研修會」，經總公司「區域總經理昇格檢定」合格後，即正式成為「區域總經理」。

二、各級直銷商雖與公司訂有「研修會參加申請書」，並有補辦之「加入契約書」，惟對退貨、退還價金，未有規定，明顯違反「傳銷法」第四條。

經營大志典

✿有志氣查哺會掌志，有志氣查某會伶俐。

—台灣諺語

處分理由

一、直銷商晉升均以進貨業績為依據，契約書應明訂退出組織或計畫時，其退貨有關規定，取回商品或由參加人自行送回商品，返還進貨價金。被處分人在「加入契約書」中未規定，違反「傳銷法」第四條。

二、被處分人與直銷商雖訂有「研修會參加契約書」、「加入契約書」，但兩者並不相同，且與「傳銷法」規定不符合。

（公平交易委員會，八十二年五月八日）

❀由於有堅忍不拔的精神，蛇可以登上諾亞方舟

—英・斯巴根

1-4 雅盟公司以「連鎖店」之名行傳銷之實違法處分案

判決主文

一、被處分人（雅盟國際事業有限公司，簡稱：雅盟公司）應於處分書送達翌日三十日內，修訂與參加人（直銷商）之契約書，以符合「傳銷法」規定。

二、按「傳銷法」第六條規定，傳銷公司必須備妥事業之組織系統、參加人數、姓名及地址、銷售之商品種類、數量、佣金、獎金等資料，保存期限五年，隨時受檢，不得妨礙、拒絕或規避。

三、處被處分人新台幣十五萬元罰鍰。

經營大志典

❧本來無望的事，一經大膽嘗試，往往能成功。

—英·莎士比亞《維納斯與阿都尼》

違法事實

一、雅盟公司以化粧品為主要經營商品,並以傳銷事業方式經營之。其直銷商等級區分「實習階段」、「經理」、「名店」、「加盟店」、「經營委員」,各級均有不同佣金、獎金等。惟該公司辯稱採連鎖店經營制度,勿庸向公平交易委員會報備。

二、後經查該公司,其參加人與公司簽訂之「訂購單」及「委託設立加盟合約書」,其內容與「傳銷法」第四條、第五條之規定不符合。

三、「傳銷法」第六條所規定,備妥之各項書面資料應放置主要營業所,以供「公交會」檢查。

處分理由

一、查雅盟公司之行銷方式,為「公交法」第八條所

✤榮譽不是自我欣賞的裝飾品,而是鼓舞人們前進的號角。

—中國諺語

稱「多層次傳銷」，應受「傳銷法」規範，並依「傳銷法」第三條、第四條、第五條之規定，補辦或修訂相關資料送「公交會」備查。

二、「傳銷法」第三條規定，多層次傳銷事業之經營，應於傳銷行為前，用書面向「公交會」報備。

三、雅盟公司與參加人之「委託設立加盟合約書」，內容與「傳銷法」第五條規定不符合，參加人得於解除契約或終止契約時，具有退貨、退款之權。

（公平交易委員會，八十二年八月二日）

經營大志典

❋我成功，因為我志在成功，未嘗躊躇。

—法・拿破崙

1-5娜特莉亞公司違反「傳銷法」處分案

判決主文

一、被處分人（娜特莉亞國際有限公司，簡稱：娜特莉亞公司）自本處分書送達之翌日起，停止營業一個月。

二、被處分人應依「傳銷法」第四條規定，對參加人履行告知義務。

三、被處分人自本處分書送達之翌日起，停止要求參加人（直銷商）購買顯非一般人短期間內，所能夠售罄數量商品之行為。

四、被處分人在停止營業期間，除依「傳銷法」規定辦理修訂及執行告知義務外，並辦理直銷商之退貨、退款，

經營大志典

✽現實在這頭，理想在那頭，中間隔著湍急的河流，行動則是架在河上的橋樑。

—俄・克雷洛夫

不得招募新成員，對參加人或第三人不得為商品或服務之銷售或為其他營業活動。

　　五、被處分人處新台幣四十萬元罰款。

違法事實

　　一、娜特莉亞公司已於八十一年十一月間，因違反「傳銷法」被處以新台幣二十萬元罰鍰，公平交易委員會限期改善在案。

　　二、經八十二、八十三年陸續檢查，該公司違反「傳銷法」之情事尚有：

　　　　㈠該公司於直銷商加入傳銷組織時，未履行告知「傳銷法」第四條第一項第八款，即參加人退出組織或計畫之條件及因退出而生之權利義務。

　　　　㈡該公司於參加人入會時，要求一次購買四套美

✤成功者之所以與一般人不同，在於他能在勝負未分之前他自己有信心，然後深思熟慮去謀取勝利的條件。

　　　　　　　　　　　　　　　　　　—日・邑井操《決斷力》

容保養品，計八四、五七八元始可成為「展業員」，顯非一般人短期間內所能售罄。

處分理由

一、按「傳銷法」第四條規定，直銷商加入傳銷組織時，公司應詳實履行告知義務，包含組織、營運、商品，及退出之權利義務關係。

二、「傳銷法」第七條第一項規定，公司不得要求參加人購買商品之數量顯非一般人短期內所能售罄，但約定於商品轉售後始支付貨款者，不在此限。

三、查該公司直銷商數十人，於加入傳銷組織時，公司均未履行告知義務後，而要求購買四套美容保養品，始成「展業員」，與「傳銷法」均不符合。

四、被處分人係二次違反「傳銷法」，情節當屬重大，爰依「公交法」規定，處分如主文。

經營大志典

✽我敬佩清晰了解自己願望的人。這世上大部份的禍都是因為人們不夠了解自己的目標所致。他們想造一座塔，卻只做一間陋室的奠基工作。

—德・歌德

（公平交易委員會，八十三年三月二十八日）

經營大志典

✤不論從事何種行業，走向成功的第一步，就是必須對這一
行感興趣。

—英・歐斯拉

1-6鴻森與亮陞公司拉人頭違法處分案

判決主文

一、被處分人（鴻森國際有限公司、亮陞國際有限公司，簡稱：鴻森或亮陞公司）經營傳銷事業，以「潛能訓練」為商品，其直銷商取得佣金、獎金或其他經濟利益，主要係基於介紹他人加入，而非基於商品或勞務的銷售，違反「公交法」第二十三條。

二、處鴻森公司新台幣四十萬元罰鍰，亮陞公司新台幣三十萬元罰鍰。

三、被處分人應自收受本處分書之次日起歇業。

✤對工作要有如對自己般摯愛。

—英・貝克

違法事實

一、鴻森公司（位高雄市）以刊登廣告招募職員，誘騙民眾參加「潛能訓練」，但須繳交二萬八千元接受為期兩天一夜之訓練課程，才成為正式職員。

二、新職員上班之日，始知該公司並無底薪，工作性質係輔導新人，實即勸誘新人繳費參加潛能訓練班，若勸誘成功可抽取十五％佣金。若介紹三人以上參加，或自行繳付六萬元認購三套產品可晉升主任。

三、主任再介紹他人參加，可抽二十五％佣金，其下線介紹他人參加，亦可獲十％間接介紹佣金；副理有三十三％直接佣金，及八％間接佣金；經理有三十九％直接佣金，及六％間接佣金。

四、另查亮陞公司（位台北市，與鴻森公司同一負責人），亦用同樣手法在台北地區到處拉人頭，潛能訓練費調漲為

經營大志典

❀成功並非靠黃金堆砌而成，亦非靠震撼世界的名聲堆砌而成

一法・莫泊桑

二萬九千元。

　　五、鴻森公司以其各個部門，運用不同公司名稱，在各大報刊登只列電話號碼或信箱，而沒有公司地址之方式，招募求職者，受害人達千人以上。

處分理由

　　一、被處分人假藉某大企業、外商公司名義公開報徵各類職員，隨後硬性要求應徵者必須先繳費二萬八千元至二萬九千元，參加潛能訓練後，始成正式職員，其各種收入均來自介紹他人加入。

　　二、按「公交法」第二十三條規定，多層次傳銷其參加人如取得佣金、獎金或其他經濟利益，主要係基於介紹他人加入，而非基於商品或勞務之銷售，不得為之。

　　三、被處分人並未曾提供任可商品供參加人銷售，而所舉辦「潛能訓練課程」，僅為參加人取得任職機會之條

經營大志典

　❀只要你對金錢、恭維與名聲不感興趣，你就到達成功的巔峯了。

件，並非參加人員可以銷售之勞務，自亦沒有所謂「合理市價」之問題。

　　四、被處分人以不正當之營業手法，按「公交法」第二十三條、第四十二條規定，此等公司「情節重大者，並得命令解散、停止營業或勒令歇業。」另依「傳銷法」第三、四、五、七等各條均明顯違反，處分如主文。

　　（公平交易委員會，八十三年六月二十四日）

經營大志典

✿我清高地工作，日夜活動，希望以我的勤勉勞苦贏得成功，這才是真正的成功。自我反省，若能領悟出如此百合般清淨的道理，還有比此更美的事嗎？

—法・巴爾札克《高老頭》

1-7蘭麗公司扣發退出人應得利益處分案

判決主文

一、被處分人（蘭麗電腦資訊公司，簡稱：蘭麗公司）自本處分書送達之翌日起，應停止於參加人退出時扣發其應得利益之行為。

二、被處分人應自本處分書送達之翌日起三十日內，依「傳銷法」第六條規定，於主要營業所備置資料受檢。

三、處被處分人新台幣十萬元罰鍰。

違法事實

一、蘭麗公司於八十三年四月向「公交會」報備在案，

❀成功是一個人為追求自己的理想而不斷獲得道德、學識及才幹，然後再學以致用、服務人群、創造進步的過程。
　　　　　　　　　　　　　　　　　　　　　—英‧莎士比亞

以傳銷方式販售商品「蘭麗卡」，提供雙向語音系統，計有英語、業務發展、城市知音廣場、愛心關懷園地、現代女性等資訊服務，每單位三萬元。

二、「公交會」於八月間擇日前往檢查，該公司以總管理處長出國為由，表示銷售之商品種類、數量及佣金、獎金給付情形、參加人退出退貨情形等事項，均無法提供，違反「傳銷法」第六條規定。

三、檢視該公司嗣後遞送之合銷商退出退貨之付款憑單中，所扣發之獎金部分，顯有違反「傳銷法」第七條第一項，不得扣發參加人退出時應得之利益。

四、蘭麗公司合銷商退出組織時，其扣除款項包括上線參加人獎金、簽帳卡手續費等。而其扣發參加人獎金時，已包括其他參加人獲取之部分，違反「傳銷法」第七條之規定。

五、蘭麗公司針對於參加人退出時扣發其應得之利

經營大志典

✿古今人物名望的高大，不在他所做的官大，而在對所做事業的成功。

—民國‧孫文

益，嗣後爰即主動退還其溢扣部分。

處分理由

一、傳銷公司之營業情形，按「傳銷法」第六條規定，中央主管機關得隨時派員檢查，公司應備妥書面資料受檢，不得妨礙、拒絕或規避。

二、「傳銷法」第五條規定，參加人退出組織時，公司接受退貨之申請，僅限扣除退貨當事人獲得之部分。

（公平交易委員會，八十三年十一月九日）

經營大志典

✿在戰場上，一個人有時會戰勝一千人，但唯有戰勝自己的
　人，才是最偉大的勝利者。

　　　　　　　　　　　　　　　　　　　　　　　　　　　　　　　　—印度‧尼赫魯

1-8 受茂、京雅公司違反公平交易法刑事判決案

判決主文

一、被告（受茂企業有限公司、京雅企業有限公司，簡稱：受茂、京雅公司）違反多層次傳銷，其參加人如取得佣金，主要係基於介紹他人加入，而非基於推廣或銷售商品之合理市價者，不得為之之規定，各處罰新台幣貳拾萬元。

二、該兩家公司負責人，曾君處有期徒刑柒月，張君處有期徒刑陸月，如易科罰金，以參拾元折算壹日。均緩刑參年。（物品沒收）

經營大志典

✤成功失之於猶豫。

—西洋諺語

違法事實

一、受茂公司（位高雄市，負責人曾君）最早在七十四年成立，傳銷產品以化妝品、清潔劑、花粉為主；迨至八十年六月間為擴大營業，另成立京雅公司（張君為負責人），二人乃以此兩家公司總裁與副總裁之名，在全台各地廣設營業處所，廣泛吸收民眾入會。

二、該公司各級直銷商分別為業務專員、業務主任、團長、副理、協理、經理等職位，各級晉升均賴介紹新人入會及「認購」相當數量產品，參加人雖經由自己認購或介紹他人加入認購產品，而累積一定「業績」據以升級取得較優折扣或佣金，然所謂「認購」，形式上雖提及商品，實際上鮮有銷售商品行為，參加人之收入主要來自介紹新人加入之佣金，而非商品之合理利潤，參加人為減少損失，乃不斷拉人入會。

經營大志典

✤成功只是運氣的問題，不信你問問每個失敗者。

—美・威爾遜

三、八十一年六月「公交會」會同各地警察機關實施搜索，發現不法情事：

　　㈠該二公司未向「公交會」報備，即進行多層次傳銷，在各地區成立企業社或展示中心。

　　㈡以參加人墊款，開立「借據」，用以催迫參加人還款之手段。

　　㈢不准參加人退貨、退款。

該兩家公司違反「公交法」及「傳銷法」，案經「公交會」移送高雄地方法院檢查官偵查起訴。

判決理由

一、經查曾君係受茂、京雅二公司之實際投資者，亦為二公司之實際負責人，並為該公司傳銷制度設計人，及京雅公司之承銷商品係由受茂公司提供。故能堪認受茂、京雅公司及各地區之企業社或展示中心，形成雖各自獨

經營大志典

❀事未至而預圖，則處之常有餘，事既至而後計，則應之常不足。

　　　　　　　　　　　　　　　　　　—宋・辛棄疾《美芹十論》

立，但實際上顯係共同實施多層次傳銷之集團。

二、該二公司參加人利潤來源，主要來自參加人認購產品，少部分來自零售，並非實際從事推銷之工作。經查證亦有參加人供證「參加人不須從事產品推銷，認購一萬三千五百元產品可成為專員，認購三萬八千五百元成為主仕。」多數證人均稱「利潤均須靠拉人頭，只要拉人頭入會即可抽取利潤，職位愈高抽利愈多。」

三、參酌受茂、京雅公司向上游公司進貨帳單，其成本亦遠超出出貨售價甚多。加入會者認購一萬三千五百元之產品，進貨成本僅為二千一百七十一元；認購二萬五千元產品，進貨成本為三千七百七十一元；認購三萬八千五百元產品，進貨成本為五千九百五十元。倘以三十％之平均利潤率計算，其佣金是合理市價利潤之六‧三倍，若以五十％平均利潤率計算，則其佣金為合理市價利潤之二‧一倍等情，在檢查官調查報告書均有卷可稽。

經營大志典

❀想在芸芸眾生中獲得成功，你得像傻瓜那樣突然冒出來，
　然後機伶地大事活動。

—法‧孟德斯鳩《書簡》

四、綜據右述情節，該二公司及負責人，所從事多層次傳銷業務制度中，參加人所得之利潤，顯係主要基於介紹他人之加入，而非銷售產品之合理市價。事證已臻明確，被告等犯行悉堪予認定，均應依法論科。

五、被告所為係違反「公交法」第二十三條第一項，被告曾君、張君依同法第三十五條論處。被告受茂、京雅公司，應依同法第三十八條之規定科以第三十五條所定之罰金刑。該二負責人間，有犯意聯絡，行為分擔，皆為共同正犯，均量處如主文所示之刑罰，以示懲儆。

（高雄地方法院刑事第七庭，八十二年九月三日）

經營大志典

✿團結加智慧，弱小能變強。

—阿拉伯諺語

第二章

解開傳銷之迷惑與陷阱

　　人人都想追求自我實現(Self-actualization)的「終極目標」，在傳銷界裡把它解析成四大內容：財富、自由、健康、尊嚴。這確實有着無窮的吸引力，吸納成千上萬的「知識青年」，無怨無悔地，日以繼夜地全心力投入，尤其幾乎「無窮無盡財富」的吸引力更是巨大，所有直銷商當他決心要從事傳銷事業時，就期待着這一天的來臨——成為鑽石、雙鑽、參鑽、皇冠大使，萬人崇敬的尊嚴，四海旅遊的自由……這才叫人生。

　　然而，偉大的目標，鉅大的財富的背後，也許到處是陷阱。就是這樣，近年正當傳銷事業如野火般燒起時，也同時有許多人走不出迷惑，走入陷阱。本章要告訴你迷惑與陷阱在那裡？如何走出迷惑？如何跳過陷阱？

2-1傳銷真能賺進鉅大財富？

多數直銷商都是對原有工作收入不滿意，為了創造財富乃投入傳銷事業。當然，在直銷商的觀念中，傳統事業也能創造財富，但機會少、風險大、耗時長。但傳銷事業確沒有這些缺失，而且可以快速賺進鉅大財富，「實現人生的理想」、「享受幸福的人生」。

對這樣的成功信念，為甚麼能夠深信不疑呢？原來是有兩個「理論」依據的，幾乎所有直銷商的創業說明會都會拿來做範例說明，許多上線也會用來教育下線。

利潤逐年倍增

下表是以安麗公司業績獎金計算，五千分為百分之三推算，假定：

經營大志典

✤工作比金錢更可貴。

—俄・高爾基《崔可夫一家》

年\人	一	二	三	四	五	六	七	八	九	十	十一	十二
您	0.5	1	2	4	8	16	32	64	128	256	512	1024
A		0.5	1	2	4	8	16	32	64	128	256	512
B			0.5	1	2	4	8	16	32	64	128	256
C				0.5	1	2	4	8	16	32	64	128
D					0.5	1	2	4	8	16	32	64
E						0.5	1	2	4	8	16	32
F							0.5	1	2	4	8	16
G								0.5	1	2	4	8
H									0.5	1	2	4
I										0.5	1	2
J											0.5	1
K												0.5
收入	150	150	750	1450	4350	9150	28350	44350	60350	93875	148225	215475

（業績單位：萬元）

經營大志典

❀工作使一切美化，思想能創造新生命。

—瑞典・諾貝爾

㈠您只要每月銷售五千分。

㈡每年推荐一位直銷商，他也願意和您一樣每月銷售五千分，每年推荐一個直銷商，如此不斷推展下去。

如此兼差發展十二年後，每月可淨賺二十一萬五千四百七十五元，每月營業額有一千零二十四萬，整個系統成員達二千零四十八人。

對絕大多數的人直覺反應，「太簡單了嘛！」每月只要做大約五千元生意，賣幾包肥皂粉就有了，每年找到一個下線也簡單。任何公司行號職員、公家機關，甚至大學教授，若無特例絕不可能在十年間使月薪快速成長達二十多萬。於是，乃一頭栽進傳銷事業。

組織網擴張快速

在很多創業說明會都舉下面的故事，來說明組織網快速擴張的道理。有一個公司職員發現已寄出的開會通知書

經營大志典

❀一座農場乃指一大塊地，在該土地上，你早起晚睡，工作夠努力的話，便可以致富。

—俄·托爾斯泰

上的開會地點是錯誤的，集會時間就在明天，她不可能在一天之內告知六百二十五個會員正確消息。怎麼辦？如果打電話連絡，必須的步驟是：

㈠確定電話號碼。

㈡撥電話（或按鍵式）。

㈢等對方拿起話筒。

㈣告訴對方內容。

這些動作要反覆六百二十五次，假設每打一通電話需要三分鐘，要花費三十一小時又十五分鐘。結果到明天開會前一定是來不及。

最常用的方法便是創造組織網，該職員先連絡五人，被連絡到的五人再分別連絡五人，就有二十五人。每人再連絡五人，就有一百二十五人，再重複一次，就可以連絡到六百二十五人了。圖示如下：

經營大志典

❋金錢有時會成為工作的動機，也就是說短時間內會成為生活意義、權力和勝利的象徵。

——美・詹姆斯

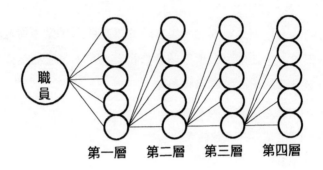

第一層　第二層　第三層　第四層

　　就花費時間而言，每一層使用時間為：三乘五等於十五，四層為六十分鐘，也就是說在一個小時之內，能連絡到六百二十五人，比一個人連絡六百二十五人的情況，要快上三十倍以上。用傳銷理念來解釋，可以說用傳統事業銷售法得花三十年才能達到的業績，在多層次傳銷來說，只要不到一年時間便可以達到。這個原理一般稱「乘式法則」，在美國稱「倍增市場學」（Multi-level Marketing）。

　　哇噻！努力十年，可以創造傳統市場三百年的業績，又一頭栽進去。

經營大志典

✤幸運的人活著時既播種也收穫，不幸的人死後留下全部財
　產。

　　　　　　　　　　　　　　　　　　一波斯・薩迪《薔薇園》

　　如果按照前述的兩個「理論」來推演，傳銷事業確實可以在極短時期內，創造出傳統事業所達不到的鉅大財富。但這裡面存在一些盲點（迷惑），必須深入、冷靜去分析、觀察。

　　㈠**理論與實際的差距**：除了純數學演算或邏輯推理，理論與實際的結合屬必然關係。其他方面，如社會科學範圍，理論與實際極少有完全結合者，甚有相背者。阿基米德說：「給我一個支點，我可以舉起地球。」純理論上說的通，實際上不可行。所以任何事要考量理論與實務上的差距，差距也許不能消滅，但力求縮短。

　　㈡**人性的顧慮**：前述兩個理論都是「機械式」的操作，尚未考慮到人性層面上的問題，如懶性或意願，第一個「自己」也許可以克服人性的弱點，許多下線是否可以完全複製很多個「我」呢？

　　㈢**方法上的問題**，是傳銷成敗的關鍵，有了「理論」

經營大志典

❀當一個人告訴你他因工作努力而致富時，你不妨問問他，那是誰的財富？

—哥倫比亞・馬奎斯

依據，設定了目標，若方法不對，程序不對，則失敗是必然。沒有「偶然」成功的，在傳銷事業中沒有「偶然」建立了強大銷售網。必須靠技術與方法。

記住，兩個人分別開店賣牛肉麵，一個賣發財，一個賣垮台，問題就是出在「方法」問題。

經營大志典

❀只關心金錢的人，人格上某些地方會不健全。只追求利益的公司，結果也相同。

一佚名

2-2 「歸零」與「不歸零」制度的疑惑

　　傳銷事業中的「制度」，包含相當廣範的內容，例如獎金發放、利潤計算、福利措施、升級制度及教育訓練等，都可以納入制度面之範疇。其中有關利潤計算制度的「歸零」與「不歸零」問題，為多數直銷人員所關心，因為這與業績有關，但也為許多初入傳銷或即將進入傳銷的人，產生許多疑惑。有的公司採「歸零制」，有的公司採「不歸零制」，到底那一種好？本文以雙鶴公司的歸零制度加以說明。（古漢忠，系統與你，八十二年十月三十日出版）

「歸零制度」和「不歸零制度」的不同

　　直銷商的收入不外三種：銷售利潤、業績獎金、培養

❀人類的工作，無非和金錢息息相關。我們都為無聊的金錢而拼命，金錢對我們固然像母親一樣重要，但也是我們走向死亡的誘因。

　　　　　　　　　　　　　　　　　　　—俄·高爾基

獎金。我們所指歸不歸零，就是指業績獎金這部份。

「歸零」，是每個月重新依當月分個人小組的業績百分比，來計算您的業績獎金，不管上個月曾達到何種百分比的標準，這個月都從零起算。試以雙鶴獎金制度說明之：

上個月業績總和：30,000分

業績獎金百分比：20%

上個月業績獎金：30,000×20%＝6000元

若本月業績總和：10,000分

業績獎金百分比：10%

則本月業績獎金：10,000×10%＝1000元

「不歸零」是指業績獎金可以逐月累積計算，再依上例計算如次：

上個月業績總和：30,000分

本月又做：10,000分

則本月業績總和：30,000分＋10,000分＝40,000分

經營大志典

✽只關心金錢的人，人格上某些地方會不健全。只追求利益的公司，結果也相同。

—佚名

(40,000分的業績獎金百分比是 20%)

故本月業績獎金：$10,000 \times 20\% = 2000$元

「歸零制度」與「不歸零制度」對直銷商的影響

按前例計算，顯然在不歸零制度中拿的獎金較多，其實這只是「表相」。基本上每家傳銷公司設計的獎金制度，都有一定上限。以雙鶴公司為例，業績獎金最高上限是35%，一萬元的營業額其業績獎金最高發出三千五百元。所謂「歸不歸零」的問題，只是針對這三千五百元的分配方式。在歸零制度中您少拿一千元，不歸零制度中多拿一千元，並非公司佔了直銷商便宜，而是在不歸零制度中，您佔了上線便宜，但下線也可能佔您便宜，所以結果並無差別。若從本質上來分析這兩種制度，還是有極明顯的利弊。

一、「不歸零制度」的缺點

經營大志典

❀人類的工作，無非和金錢息息相關。我們都為無聊的金錢而拚命，金錢對我們固然像母親一樣重要，但也是我們走向死亡的誘因。

—俄・高爾基

59

㈠業績獎金形同虛設：獎金之目的在鼓勵努力的人，不歸零的業績獎金百分之比只升不降，終於上線、您及下線都會到達最高百分比，屆時努力的人不一定有愈高獎金，業績獎金的功能便形同虛設。

㈡形成惰性：努力與否都一樣，這是齊頭式平等，自發性動力不能產生，惰性於焉產生。

㈢易於造成傷害：直銷商容易被「最高業績百分比」所引誘，只為達到百分比而一次就大量進貨。最常見的是新直銷商，一次進貨數萬元產品，卻賣不出去。

㈣易形成老鼠會：在不歸零公司，往往規定新直銷商必須購進一定數量產品，其推荐人才能得到一筆佣金，形成「只要拉人入會」即可得利。

二、「歸零制度」的優點

㈠公平性：積極努力獲利較多，反之較少，才是立足點平等的真平等。

經營大志典

✤高薪一向是付給有辦事能力的人。不但對於掌握事業命脈的主管人員如此，對於決定主管成敗的部屬人員也是如此。

—佚名

㈡安全性：加入時不規定進貨量，端視個人建立的市場需要而定，沒有積壓產品或陷入危機之虞。

㈢積極性：制度本身蘊含激發人性，積極向上的精神力量。

三、「歸零」與「不歸零」對培養獎金的影響

在歸零制度中，培養獎金會隨獎銜等級（雙鶴為例，如副理、一等副理、鑽石⋯）而拿到不同深度下線的培養獎金，不受深度代數限制。

在不歸零制度中，培養獎金受制於已設定的代數。例如您培養一條副理線，可拿到第一代 5% 培養獎金；培養三條副理線，可拿到第二代 4% 培養獎金，依此類推，圖示如下：

```
您 ──→ 第一代 ──→ 第二代 ──→ 第三代 ──→
        (5%)      (4%)      (3%)
        第四代 ──→ 第五代 ──→ 第六代
        (2%)      (1%)      (0%)
```

經營大志典

✿只要是快樂的事，即使沒有報酬也可以全神貫注而不覺得疲累。

─日·松下幸之助

即第六代以下便與您毫無關係，但歸零制度則不論多少代，都有不同百分比的培養獎金。可見歸零才是好的制度，目前國內最好的傳銷公司，如安麗、雙鶴公司，都是採用「歸零制度」，許多高級直銷商（如雙鶴的雙鑽、金鑽，安麗的參鑽、皇冠），都建立強大的銷售網，其下線都在十餘代以上，自成一個完整、獨立的體系。各級領導的直銷商均能領有培養獎金，這才是積極打拼的成果，靠拉人頭絕對辦不到。

經營大志典

✦為工作而工作，是工作的真義；希望藉工作而獲得報酬的人，只是在為報酬效勞而已。

―英・貝克

2-3傳銷事業真能取代傳統事業嗎？

在傳銷公司舉辦OPP（創業說明會）時，或直銷商用以教育新人，為彰顯傳銷事業的大勢所趨及其價值，總是把傳統事業的行銷通路做為對比說明。到底傳銷事業和傳統事業的行銷通路有何不同？先用下頁圖示之：

二者的不同除了行銷通路外，最重要的是組織架構，傳統事業是嚴謹的金字塔結構，行逐級領導與管理。傳銷事業並非金字塔結構，也沒有「法律上」的領導關係，所以傳銷公司對傳統事業的批判，仍從傳統事業的缺點為起點，說明二者的優劣。

經營大志典

不計報酬的工作，往往可以從工作中得到更多超乎預料的報酬。

—美・哈法德

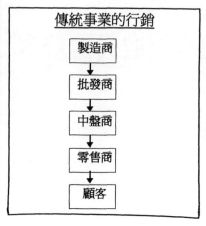

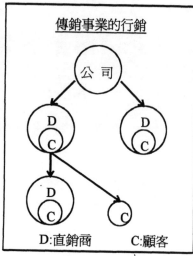

傳統事業的行銷

製造商
↓
批發商
↓
中盤商
↓
零售商
↓
顧客

傳銷事業的行銷

公司

D
C

D
C

D
C

C

D:直銷商　　C:顧客

傳統事業的缺點

　　一、永遠沒有出頭天：在傳統事業的組織架構內，一個新人從職員開始幹起，逐級向上爬，他可能得花幾十年，甚至一生時間，才有機會爬到頂層。當然也可以自行創業，自己當老闆。但又涉及風險與資本問題。

　　二、傳統事業風險高、成本大：當家做主須要一筆創

經營大志典

✿我們工作不是只希望使自己口袋裡進更多的錢，而且是要
　使自己知道的更多。

　　　　　　　　　　　　　　　　　　　　　　　　　　—哥倫比亞諺語

業資金，先從小型公司起家，在現代也要有個數百萬，甚至千萬。對於成千上萬想要創業的青年，根本是難如上青天，好不容易到處借貸，弄到一百萬想做個小本生意，無奈風險奇高，只要倒一次，也許永無東山再起的機會，人生經得起幾次倒？

三、機會已經「飽和」：傳統事業有許多白手起家的故事，以王永慶先生最具有代表性，也最被津津樂道。但是時代進步到九〇年代中期，即將邁向西元二千年這個「千禧年」(Millennium)，從整個市場環境來觀察，及許多實證，都告訴大家傳統事業的商機已經「飽和」，傳統事業的行銷瓶頸亦無法突破。

四、被傳統事業「管」怕了：這是事實，有句台灣話說：「吃人頭路，實在甘苦」。只要您是領人薪水，就得聽人差遣、吆喝，行動受限，甚至連「思想」都被管制。因為「與上同意」，才有被提拔的機會，為此甚至連人格尊嚴

經營大志典

✿除了能獲得報酬的工作以外，從不肯多做一點的人，永遠不會獲得工作以外的報酬。

—古希臘・赫巴特

全賣了，整個人變得「三分像人，七分像鬼」。

五、老闆與職員基本上是處於對立狀態：考核制度就是這個對立狀態的產物，老闆深怕職員不賣命努力，訂定各種考核，下級是被「監視」的，再者傳統事業老闆篳路藍縷、辛苦一輩子，為防幹部脫離自立門戶，更防同業的惡性競爭，為保住江山都要「留一手」。所以說：「飼老鼠，咬布袋」。

六、耗掉時間與健康：在傳統事業不論當「上班族」，或在家開店做生意，時間定是被卡的死死的。當上班族是卡在人家的公司裡，開店更被釘牢在店面內，雖然開個店當老闆，確是「時間的奴隸」，生命是這樣被「死釘」着，耗掉了。而健康呢？可能為了生意，絕大多數必須應付長年累月的各種應酬，酒色財氣之後，賠上了健康，或許也賠上家庭幸福。

經營大志典

✤做事而期望獲得報酬的話，便是淪為僕人。

—德·傑發

傳銷事業的優點

優點和缺點要成為鮮明的對比，才能使人「選優汰劣」，從「傳銷人」的觀點來看，傳銷事業（指好的傳銷公司和直銷商）的好處，正好和傳統事業成強烈對比，簡述列於後：

一、縮短出頭天的時間：也就是「縮短人生理想實現的時間」，在傳統事業須要二十到三十年才能建立的成就，在傳銷事業大概只要五到十年就能達到。

二、無風險、免成本：基本上直銷商只要找到一家好的直銷公司，繳極少基本費用（約一至二千元）就可以成為直銷商，就有了進貨與推荐權利。產品的開發、投資或製造風險均由公司承擔，所以說「無風險、免成本」。

三、傳銷事業的「第三波」已經來臨：因為傳統事業的「日薄崦嵫」，行銷通路打不開，市場飽和，各行各業乃

✤大部份的人都喜歡努力地工作，特別是當他們拿到薪水時。

　　　　　　　　　　　　　　　　　　　　　—美・富蘭克林

接受傳銷型態的經營，企圖打開市場，主動出擊，抓住客戶，這正是傳銷事業的第三波，此時不投入傳銷事業，尚待何時？

四、傳銷享受充份自由與自主：不論兼職或全職，工作時間都由自己做主決定，完全實現「自由與自主」，不必受命於人，聽人吆喝。真正享受做「人」的尊榮。

五、做時間的主人，免應酬：生意是在笑談、聊天、飲茶之中完成，沒有應酬的煩惱，因此做直銷除了當時間的主人外，最珍貴是保住了健康。

六、上線與下線是一體的：沒有傳統事業的對立心態，在傳銷界裡，上線絕不可能留一手不傳授給下線，他恨不得「把心肝也挖出來給下線」，因為下線的業績上線也有一份，沒有上線就沒有下線。

經營大志典

✿勞動而得的工錢，是對勤勉的一種獎勵，勤勉就像人類的其它資產，因獎勵而有成正比的增加。

——英·亞當斯密《國富論》

傳銷事業真能取代傳統事業嗎？

綜合、客觀論之，傳銷事業雖有很多優點，但許多傳銷公司制度未臻建全。傳銷事業的組織與行銷雖面臨瓶頸，但不表示沒有改革機會，例如圓型組織管理，減少行銷通路都是。至於「傳銷事業能否取代傳統事業？」這恐非「二分法」所能回答，我們可以說「不能完全取代」，因為人類社會的「多元」才更可貴。未來是傳銷與傳統事業並行的時代。

但無可否認的，傳銷會更加發達，雖不能取代傳統事業，却有可能凌駕傳統事業。

♣各人按其能力工作，按其勞動獲得

　　　　　　　　　　　　　　　　一法・聖西門

2-4 人人都可以做傳銷嗎？

是的！人人都可以做傳銷。

這個問題就好像有人問「誰可以去賣檳榔？」只要有意願，學好切檳榔的技術，那麼人人都可以來賣檳榔。但是更深一層去觀察，同樣在一條路邊賣檳榔，有的賣發財，有的賣垮台，這道理何在？同樣做直銷，常聽到很多人做的親戚反目，朋友越來越少，只好收攤，最後自己下結論說「直銷不是人幹的」。但也有許多人風風光光，做到鑽石級以上直銷商，其中是否有甚麼「祕笈」呢？我們要深入追問的不僅僅是「人人都可以做傳銷嗎？」而是誰才更適合做一個成功的直銷商？

經營大志典

✿大自然是個忠實的供給者，但它只把「報酬」給予勤勵努力工作的人。

—瑞典・柏格曼

台灣地區現在「誰」在做直銷？

據可靠統計，目前台灣地區的傳銷人員約二百多萬人，他們到底都是誰？以下按年齡、性別、婚姻、教育程度、事業及動機說明之。(張誠，傳銷兵法，漢宇出版)

一、年齡

二十五歲以下 21%。

二十六到三十五歲佔 42%。

三十六到四十五歲佔 29%。

統計四十五歲以下佔 92%，傳銷是年青人天下，應該是很接近事實，尤其二十六到三十五歲的年青人佔最多，幾達傳銷總人口的一半。

二、性別

男性佔 51%，女性佔 49%，比例相近。但從民國八十二年台灣區就業人口中，男性佔 62%，女性佔 38%。由這

經營大志典

❀有完成另一件工作的力量，就是作完上一件工作的報酬。

—英・艾略特

個比例來看，傳銷對女性有更高的吸引力。

三、婚姻

從統計數字看，已婚人口佔 62%，未婚人口佔 38%。與年齡分布結構相較，顯示新婚（或年青）夫婦從事傳銷比例甚高。

四、教育程度

據統計資料分析，大專以上程度佔 44%。若將高中以上合併計算，則達 85%，這顯示「越來越多高教育程度者認同傳銷事業，並投入其中。」這種現象可能與我們教育程度普遍提高有關。

五、投入程度

「兼差」最多，佔 80%。「專職」傳銷人員 20%，可見大部份直銷商都有現職，而把傳銷視為「第二春」之準備。

綜合前面各項，可以看出台灣地區的直銷商，以年青

經營大志典

❀自選的員擔不覺重。

—西洋諺語

夫妻，高中以上程度的人口為最多，而且絕大多數是「兼職」的直銷商。他們不滿現狀的收入，積極開拓財源，並為建立第二春做準備，等到組織銷售網建立穩固後，可能即放棄其現職，成為「全職」直銷商。

那些人更適合做傳銷？

有的人去聽一場OPP（創業說明會），聽演講者說「人人可做傳銷」，就一頭栽進去，結果有一半以上在一年之內成為「死線」。所以要更深入追究誰才更「適合」做傳銷。

一、「騎驢找馬」的人適合做傳銷

這意味的是對現狀不滿的人，如公司職員、公務員、薪水階層等人，但僅有一部份有「騎驢找馬」的智慧，並且敢於積極「找馬」，只要找到好馬，定會把那匹不中用的「驢」丟掉。這樣的人應該是薪水階級總人口中的少數。

二、女性比男性適合做直銷

經營大志典

✿只要適合個性，原本普通的工作也會感到有意義，因而產生神聖無比的一面。

　　　　　　　　　　　　　　　　　　　　—日・松下幸之助

　　根據在美國和台灣地區的統計調查，女性直銷商人口均較男性為多，且有較佳之優勢。這和傳銷工作性質有關，傳銷生意都在「人與人、面對面」中完成，特別須要「親切、善解人意」的工夫，這是女人天生的優勢。再者，已婚婦女須要「彈性上班」時間，直銷是最適合的工作。

三、夫妻對直銷有共識與意願者最適合

　　「夫妻檔」是傳銷界的特色，國內成功的直銷公司如雙鶴、安麗，都標榜夫妻檔，不論旅遊或經營都是「夫唱婦隨」。雙鶴公司特別強調「夫婦為必然合夥關係」、「家庭是雙鶴事業的基礎」等理念，所以夫妻都有共識者，最適合做直銷。

四、中產階級適合做傳銷

　　在一個自由社會（或稱資本主義社會）裡，能出頭的只有權貴、菁英、名流、大亨或大企業家，中產階級出頭的機會不大。但中產階級佔社會60％成員，包含中上（專業

經營大志典

❀做合適的工作，就如同一棵結了很多果子的果樹，綻放美麗的花朵。如果你能由衷地助人，對人體貼，不但內心會感到充實、安定，也可使自己充滿活力與快樂。

　　　　　　　　　　　　　　　　　　　　　　—英・羅斯金

人才)、中中(一般白領階級)及中下(藍領階級),這批人急須出頭,傳銷是個機會。

五、有「力行實踐」力的人適合做傳銷

傳銷是一種完全要「力行實踐」的事業,推荐、邀約、產品示範,都是在重複做一些簡單的動作(傳銷術語稱:複製),須要極大耐心和「做」的工夫。傳銷商會有一半的人在一年內成為「死線」,就是他們只在「坐」傳銷,沒有在「做」傳銷。

如果你認為傳銷事業簡單到「人人可做」,那麼成為死線的可能就是你了。如果把一些條件先具備(找馬的決心、夫妻共識、心態調整、力行工夫等),那麼你就是可以做直銷的那位。

✤「這份工作是否適合我?」先安定下來努力幹三年,再回答這個問題吧。

　　　　　　　　　　　　　　　　　　　　　　　—日‧松下幸之助

*2-5*企業家、領導者與推銷員

　　一個新人正想走入傳銷界，他在傳銷界的朋友不斷向他闡揚理念，帶他去聽OPP（創業說明會）等。他接收到一個重要的資訊——「本公司是培養領導者、企業家，不是叫你去當推銷員。」這位新人一臉疑惑，看看那些做直銷的朋友，不也都在推銷產品嗎？他想起一年多前當過某公司推銷員，那半年的「推銷生涯」簡直是揮不去的夢魘。

　　當然，也聽到許多直銷商講到某某皇冠、某某鑽石，他的下線有幾千或幾萬人，現在已經是一個領袖人物、大企業家。新人燃起一陣希望，這才是所要追求的目標，這個夢要怎麼實現呢？

經營大志典

✤了解自己性向，是適合賣麵呢？還是經銷電器？或做白領
　階級？根據適合的工作盡人事，就能充分發揮天分。
　　　　　　　　　　　　　　　　　　　—日・松下幸之助

直銷商與推銷員

所有的直銷上線人員都強調，「你不是推銷員」。深怕有了推銷員形象後，把人給嚇跑了。也許是受到某些推銷員不良的形像所影響，例如我們常看到的「挨家按玲、沿門兜售、死纏爛打、強迫中獎、油腔滑調」等型，這當然成不了氣候。

但是，難以否認的，做直銷和做推銷兩者有一共同目的——把產品賣給顧客，或完成一件生意。所以，直銷和推銷雖有理念上的不同，卻有部份共同的技術，對一個初入直銷者而言，不該只看錯誤示範的推銷方法，也不能只看事情的表像，這樣才能「撥雲見月」，解開疑惑。

「推銷」，即將產品「推而銷售出去」，更廣泛的目的就是抓住「一隻看不見的手——市場」。所以推銷員是站在市場的第一線，是最受老闆器重的「前線將士」，許多高層

經營大志典

✤倘若你不喜歡自己的工作，就無法指望真正的成功，有許多成功的人，都是在嘗試過數次失敗以後，才找到自己想做的事。

—佚名

幹部都從推銷員過來，因為推銷員最瞭解顧客心理，瞭解市場所在。一位好的推銷員，應是「藝術家、經濟學家、心理學家、社會學家及演說家。」難到這些技術直銷商可以不要嗎？儘管你只想當直銷商，不想當推銷員，但初期投入傳銷的三至五年內，使用推銷技術把產品賣出還是必要的。除非你已到雙鑽（雙鶴公司）、執行專才（安麗公司）等高級直銷商，整個下線系統已建立完成，你的角色轉向領導與管理，而不再推荐與銷售，此時可以不當推銷員。

想成為直銷商領導者嗎？

成為直銷商「領導人」是多數人的最愛，國內有兩家很成功的傳銷公司（雙鶴、安麗），就很重視領導人的培養。在雙鶴公司有「副理領導會議」，在安麗有領導獎金，在達到這個水準之時，就表示你是一個「小型組織」的領導人。當然，在邁入這個「領導階層」之前，你在基層直銷商（包

經營大志典

❀人應過著從適合天性的最佳職業，和臨終前毫無遺憾的生活。

　　　　　　　　　　　　　　　　　　—英・史密斯

含做推銷），至少要「磨」個兩年。換言之，推銷員、直銷商或領導者，都不是一蹴可成的事。新加入的直銷商，千萬不要說「我不做這、不做那」，只要能把產品賣出，只要能建立銷售網，必須運用各種方法，提昇各種技術，管他是推銷，還是直銷！

夢寐以求的大企業家

在雙鶴公司的創業手冊中，有如下一個圖：

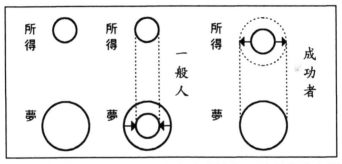

這象徵着「敢做夢的人才有成功機會」，傳銷界有句話

經營大志典

🌸假如你想要出人頭地，必先由自己來決定未來的方針，也只有自己真正想做、真正全力以赴的工作，才能產生工作的衝勁，踏上成功之路。

一日・松下幸之助

是「我們因有夢想而偉大」。百分之八十的直銷商為甚麼是「兼職」？因為他有一個夢想，也許到了鑽石他就成為「專職」，實現夢想的機會愈來愈大。

安麗的梅花體系是陳婉芬一手建立及領導，她以下有十五萬直銷商，以北部為地盤。許旭昇的南部體系也有十萬個直銷商，現在他們都是安麗的「皇冠大使」，組織體系之龐大直逼台灣經營之神王永慶，是名符其實的「大企業家」。

新進的直銷商們！當你心中盤算到底要成為企業家、領導者或推銷員呢？當你拒絕推銷，可能就遠離了直銷，遠離成為領導人的機會，當然就沒有機會攀越顛峯。所以說實現夢想的正確方法，是擴張所得，不是壓縮所得。要不斷利用方法和機會來擴張所得，做直銷給你一個全新、最好的機會，不要資金、沒有風險，在傳統事業裡已沒有這種機會了。

經營大志典

❀真正有頭腦的管理人員對自己的信念必須有勇氣，它應該預先知道公眾的愛好和要求。

　　　　　　　　　　　　　　　　　　　　　　　　─日・士光敏夫《論管理》

　　邁向企業家、領導者的第一步，其實是從產品推銷開始的，關鍵不在「直銷」或「推銷」，而在產品是怎樣出手的。

經營大志典

❋事業就像女人，去追求，就能夠得手。
　　　　　　　　　　　　　　　—西・松蘇內吉《合同子》

2-6 市場飽和了嗎？

　　由於傳銷事業的風起雲湧，使人「感覺」到似乎很多人在做直銷，整個產品市場也似乎是直銷業的天下。在推荐新直銷商的過程中，引起另一個疑惑，「市場是否已經飽和？」的問題。仔細分析傳銷事業中所謂的「飽和」(Saturation)，應包含三個疑惑：公司、直銷商和產品是否飽和？分別剖析如後。

「公司飽和了嗎？」

　　台灣的直銷公司從民國七十四年後，就大幅度成長，但那時公平交易法尚未立法，許多非法公司乘「亂」而起，「老鼠盛行」，但像這樣的公司通常難以持久經營，大多數在二至三年內就結束經營。直到民國八十年二月「公平交

✲事業是一頭力大無比的猛獸，不善於駕馭它不行，必須為它牢牢戴上嚼環，不然，它就會制服你。

　　　　　　　　　　　　　　—俄・高爾基《福馬・高爾傑耶夫》

易法」分布，八十年二月「多層次傳銷管理辦法」公布，直銷公司才逐次納入法令管理。

據行政院公平交易委員會統計，截至八十三年五月底止，報備的直銷公司有三百九十家，但遭徹銷命運的公司也有九十三家，平均「生存率」只有三分之二。從這些資料顯示，所謂直銷公司的飽和問題，其實是不存在的，理由有三：

一、在市場的「黑手」競爭之下，只有合法而強勢的公司可以存在。尤其在現代開放社會中，必然是「適者生存，劣者淘汰」，離飽和還遠的很。

二、目前台灣地區只有二百多家直銷公司，與中小企業將近十萬家相比，根本只算「起步」，未來發展空間仍然很大。

三、「公交法」和「傳銷法」只公布才一年多，預判未來將在這些法令管制下，使直銷公司的經營更上軌道，「體

經營大志典

❀我們去完成某種事業，達到某種目的，不能像池沼裏的青蛙那樣，把生命在咯咯咯的叫聲中消磨掉。

—俄·特里豐諾夫《老人》

質不善」者，根本沒有勇氣報備經營。

直銷商飽和了嗎？

這似乎是一個比公司飽和更「恐怖」的問題，許多新直銷商或正要加入的人，都在擔心直銷商是否已經飽和？傳銷依據的是「乘式原理」，若依這個原理來推論，如果有一百萬個直銷商，每人每一週推荐一個新的直銷商加入，第二週就有二百萬個，第四週是一千六萬個，第二個月中旬是六千四百萬個，再隔一週是一億二千八百萬個直銷商。可預判不必幾個月，全球五十億人口都將是直銷商。有兩個問題早發生了，一個是無人可推荐，另一個是誰來購買產品。

早在一九七八年，美國聯邦貿易委員會就已經推翻了這個「乘式原理」的推論，因為推理與事實不合。若從事實觀察，不難瞭解其原因：

經營大志典

❧須左右事業，勿為事業左右。

一美・富蘭克林

一、人性（安於現狀或惰性）使然，例如加入安麗的直銷商，有一半在第一年就脫離。

二、人口成長，如台灣地區每年成長三十五萬人。

三、「飽和」只是一個錯覺，可能是媒體宣傳關係，實際上到八十三年五月截止，台灣地區的直銷商是一百五十萬人，這算「飽和」嗎？

產品飽和了嗎？

目前在市場上以直銷方式經營者，產品最多首推安麗公司，有衣服與家庭清潔用品、家用器具（如淨水器、金鍋組）、營養食品、護理用品、美髮及化粧品等數百種，其他公司產品的「重疊性」均高。尤其以清潔保養、化粧品及營養食品的重疊性最高，國內為例表列如下（張城，傳銷供法）

❀追事業，毋為事業所追。

—西洋諺語

公司名稱	清潔保養品	化粧品	營養食品及其他
安麗	39種	37種	多樣化
永久	21種		營養食品、洗劑用品
仙妮蕾德	16種	14種	營養食品
偉新		化妝禮盒	營養食品、生活用品
松柏	12種		營養食品
如新	24種		保養用品
民國八十二年資料			

　　論者謂產品飽和，指同一類產品已有很多種上市，或有很多公司在賣同類型產品。如光是清潔保養品，安麗就有三十九種，永久有二十一種，仙妮蕾德有十六種，松柏有十二種，如新有二十四種，新直銷商再來賣這些東西已經沒有市場了，故曰「飽和」。

　　看似有理，深入剖析依然站不住腳，違反人類消費需求的基本原理，以下各種深值新直銷商注意。

經營大志典

❀事在人為。

—中國諺語

一、同類型產品經過自由市場競爭後，品質差的、價格不合理的，都要被「揚棄」而成歷史。

二、清潔、保養、食品等，均屬消費品，永遠是人們的需要。

三、直銷市場正在不斷擴張中，如汽車、電腦、旅遊、房地產、出版、保險及各種相關的週邊產品，都不斷使用直銷技術，市場正在擴大，沒有飽和的問題。

人類的商業活動已有數千年歷史，「市場」從來沒有飽和過，因為人的「需求」始終在改變，市場乃隨之變動，直銷公司的目的在開發市場，而直銷商則在尋找並抓住市場。

經營大志典

✿人的靈魂建立在他的事業上。

—挪威諺語

2-7「商業活動」還是「宗教活動」?

　　傳銷公司常為直銷商舉辦各種「大會」,規模最大者如安麗和雙鶴公司的「年會」與「表揚大會」。地點通常選在大型會議廳、體育館或大禮堂,如林口體育館及台北世貿中心的國際會議廳,都是常被選用的好地方。這些大規模聚會,參加者動輒數千人甚至數萬人,對傳播媒體來說是無法抗拒的畫面。

　　局外人對這樣的聚會產生許多疑惑,甚有視為「群眾運動」者,有心人把這種聚會拿來與納粹德國的紐倫堡盛典、宗教佈道大會等相比較,描述成一種「意識型態」、「催眠洗腦」或「傳教佈道」等類型的煽情活動,到底對不對?真相與真意又如何?這恐怕要從「多層次傳銷」之能夠「突

經營大志典

✽對工作來說,智慧與才能都很重要,但更重要的是一顆小事不草率應付的心。

—日‧松下幸之助

穿」傳統商業活動，異軍突起，自立門戶，建立一套新的
行銷管道的「史實」說起。

是「資本主義的新宗教」嗎？

社會科學大師韋伯(Max Weber, 1864—1920)的經典
作品「基督新教倫理與資本主義精神」(The protestant
Ethic and The Spirit of Capitalism, 1904—1905)明確指
出，資本主義的發展不僅僅得力於經濟因素而已，宗教因
素也有同等影響力。基督新教為求死後上天堂得永生，乃
發展出一套塵世的「成功」通則，這些是：勤儉、耐勞、
友愛、積福等觀念及行為。這些也同時是早期資本主義的
美德，創造出資本主義的「經濟奇蹟」。

但當整個社會發展邁入「後工業時代」(或稱：後現
代)，資本主義早已變質，大企業組織已經僵化，不論「美
式管理」或「日式管理」，似乎充滿無力感，傳銷理念乃因

經營大志典

✵不要把工作當作義務，要當作權利。
—日・池田大作《青春寄語》

89

應而生，人們重新對人生有了目的、宗旨。凡宗教必勸人為善，並提出一項「終極產品」——人生最後的目標。却在傳銷方面固然標榜成為「高所得者」，但其最終目標，却是追求一個自由、尊嚴、快樂、健康的人生。兩者（傳銷與傳教）為追求人生的成功與永生之目標，都在各種聚會安排「見證人」，以自身的歷程說明如何邁向目標，兩者也都要先相信他的「產品」，以身作則的使用，才能得到他人的認同。所以，稱傳銷將是「資本主義的新宗教」並不為過，可以提供人們在人世之間一個出頭的機會。

是「慈悲的資本主義」嗎？

一般稱「資本主義」的定義，是一種經濟體系，內容有私有財產(private property)、利己主義——看不見的手(The invisible hand)、自由放任(Laissez nous faire or leave us alone)、競爭與自由市場。資本主義雖創造出舉世

經營大志典

✤好目標決不會因為慢慢來而落空。

——美‧林肯《第一就職演說》

的經濟成就，但因以「私利」為前提，以賺錢為目的，致使富者愈富，貧者愈貧，於是資本家成為殘忍、剝削的形像，是勞工要起來革命的對象。

但安麗公司的看法是在資本主義之中，灌輸注入慈悲之心，改進資本主義以往的缺點，必能提高人們的生活品質。改良的資本主義，可以認同各地人們有創造利潤夢想的自由，有提供夢想成真的方法；不再是少數人發財，而是成千上萬人都有發財機會。安麗公司在全球有二百萬直銷商，他們須要改良的資本主義環境。

資本家也希望創造利潤，但他們認定真正利潤必須以人類及地球的福祉為前題。傳銷是屬於一種「慈悲的資本主義」，除了利潤之外，也同時重視環保問題與社會正義。

傳銷大會意義正解

各行各業都有其特定的聚會模式，傳銷界的「大會」

經營大志典

✿一個人努力的目標越高，他的才能就發展得越快，對社會也就越有貢獻。

—俄・高爾基《和青年作家談話》

算是最特別與凸出，故須尋求其「正解」而不是比擬。依
安麗公司的解釋如下：

　　一、法人社團（有限責任公司Corporations）不是人民，
不可能是什麼教。安麗的兩位創辦人，同是基督新教的成
員，但安麗目前是世界性企業組織，各種教派的人都有。
大家只在從事商業活動，經營生意，在大會中每個人都感
覺到快樂與自在。

　　二、目前直銷商的教育水準都高，以安麗為例高中以
上居多。這些人成熟、有智慧、積極開創前途，大家只是
享受相聚的時刻，相互觀模各自的理想與目標。

　　三、大會也具有表揚、激勵、教育、學習、觀模等功
能，這是傳銷公司能夠生存發展重要的一環。無數的直銷
商在大會中得到重大學習成果，攀向更高峰。

　　某些傳銷公司對大會寄以更大功能，如雙鶴公司形容
會場：不論置身在會場的那個角落，都能感受到雙鶴的平

經營大志典

❀大家站著，你不能坐下來；大家坐下，你不能站著；大家
　在哭，你不能笑；大家在笑，你不能哭。

—猶太諺語

易近人，和諧溫馨的熱誠氣氛，這是雙鶴特有的文化特質。在會場中都能見到雙鶴人言行積極、劃一，含有朝氣，雙鶴人用聚會凝結所有公司成員的團結力，稱之「團結方程式」：

愛→友誼→信賴→忠誠→合一→團結

總之，直銷公司的大會基本上是一種商業活動，只是這種大會表現出該公司的「企業文化」與「特質」，而這些東西其實也是公司組織的一部份，更是直銷商的教育系統之一部份，在其他的各行各業中再也找不到這麼特殊的「企業文化」。假使你想進入這家公司，又想利用這家公司的資源一展長才，那麼，為何不能溶入這家公司的「企業文化」呢？

經營大志典

❀唯有工作和創作之樂，才會使生命充滿趣味。

一日‧森鷗外

2-8 看清「老鼠」與「非老鼠」

多層次傳銷進入國內約有十五年時間，因相關法規立法甚晚，不肖業者有機可乘，導至長久以來社會大眾「談鼠色變」，幾乎一提到「傳銷」或「直銷」，總會有人想到「老鼠會」一詞。甚至合法、優良的傳銷公司也受到「池魚之殃」，此種現象不論對經濟秩序或行銷都是不利因素；再者，對想加入傳銷行列的人，應有最明確的釐清，才能放心投入某家傳銷公司。故本節從「老鼠會」之起源、演變、定義、組織結構及與正常傳銷公司之差異來研究，使大家在「老鼠」與「非老鼠」間有明顯的區隔。

老鼠會的起源

最早的老鼠會成立於一九六四年，由美國人威廉派屈

❀人生最幸福的時刻，是埋首於工作之時。

—瑞士・希爾提

克在加州所創。當時公司名稱是「Holiday Magic」，他剽竊安麗公司的制度，設計出一套類似「金字塔銷售計畫」(Pyramid Scheme)。在短短八年間其業績從第一年的五十二萬美元，竄升到一九七二年的二億五千萬美元。約同時期在加州又有一家「Best Line Products」的老鼠會公司出現，並向台灣、日本漫延。此時美國聯邦貿易委員會判決該等公司違法，勒令停止營業。

一九七三年十一月，Best Line公司在日本東京設立分公司，一九七七年五月被控違反「訪問販賣法」，同年六月又被控違反「外滙法」，不久即消滅無跡。次年（民國六十七年）「台家公司」在台灣申請登記，外表看似「多層次傳銷」，實即「老鼠會」，到民國七十一年三月五日，刑事警察局的調查報告正式確定，台家公司的「老鼠」定位，然而對傳銷的傷害，老鼠會的餘悸，仍深烙在受害者的心靈，至今陰影猶存。

經營大志典

❀凡行事，須看公議如何。如係眾論不可者，即止不為。一件犯了清議，許多好事解決不來。

—彭端吾

老鼠會的技術演變

　　早在三十多年前美國雖已有老鼠會組織，但傳到國內才不過十多年的事。國內這方面，十多年間老鼠會在技術上不斷「改進」，概可分成三個時期。

　　初期，這些心術不正的商人利用人性弱點，設計類似傳銷公司歛財，規定新進成員必須繳交會費，就可享有利益，代代相傳下去，第一代會員亦可再抽佣金，介紹新人加入愈多，佣金也愈多。此時期的老鼠會是以產品為「餌」，實際上根本沒有產品，最常見的是繳一筆「會費」，換取推荐他人的權利。

　　中期，技術上較高明，依傳銷原理設計「高報酬」和「易陞遷」的制度，藉高價位產品和人際關係，配合推銷花招拉人入會。只要繳一筆可觀的「權利金」，人人都是地區經理或總經理之流。因產品根本沒有市場，但為賺回本

經營大志典

❖一件好的事情也可能是一件壞的事情。誰救了狼就害了羊，誰替兀魔修好翅膀就要為它的利爪負責。

　　　　　　　　　　　　　　　　　　　—法·雨果《九海》

錢，只好又去「拉人」入會。

近年「公交法」與「傳銷法」雖已通過，但不法公司（甚至合法公司）仍想利用傳銷之名，賺取不當利潤。設計「進去容易，出來難」的制度，實即各種迷惑與陷阱（如第一章各節案例）他們游走在合法與非法之間，在「法律邊緣」做生意。

老鼠會的定義與組織

到目前為止，何謂「老鼠會」並沒有統一的定義，各專家學者意見不一。惟依據「公交法」及「傳銷法」的判例，暫訂老鼠會定義：「公司規定入會者必須認購相當數額貨品或權利金，為加入公司的基本條件，而會員可藉推荐而獲取佣金，唯此項佣金並非來自產品之零售，且認購產品不准退貨或退貨條件嚴苛。」

老鼠會的組織有其共同模式，一般都設計若干等級，

✿事情總是這樣，有一個極端存在，就一定有另一個極端來跟它對比。

—俄·托爾斯泰《戰爭與和平》

如業務代表、專員、經銷主任、總經理等。為加速組織擴張，通常規定要培養一位與自己相當的「接任者」，所以組織是「金字塔型組織」(Pyramid Scheme)，如以下圖所示。這種組織一旦推行下去，勢如燎原，受害者倍增。

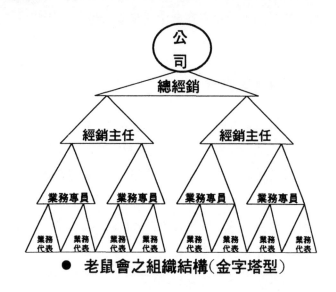

● **老鼠會之組織結構（金字塔型）**

經營大志典

✿成敗由己不由人。

—春布‧左丘明《左傳》

多層次傳銷與老鼠會比較辨別

這兩者的不同，其實可以從很多方面來比較辨別，但根本不同點在於老鼠會以「拉人」為目標，傳銷則以「零售」為主要目標。就公司利潤而言，老鼠會是靠許多的入會費，傳銷公司則靠全體直銷商的零售業績。詳細辨別二者在各層面上的不同，可從下表的十七項得到明顯區別。

用這樣的「二分法」做判別也許並不很合理，但好壞至少可以明顯呈現出來，讓新人做判斷及選擇，以免誤入老鼠會。

✿交際越廣泛，人越感到幸福，這就是人類社會的起因。

—查•福澤諭吉《勸學篇》

	正當的多層次傳銷公司 ◄── 評價 ──► 不法的騙財集團（老鼠會）高 低	
1. 企業形象	很好	很差
2. 經營理念	以長期提供優良產品滿足顧客需要	短期內詐取大量財富打了就跑
3. 公司策略	零售與推薦並重鼓勵直銷建立銷售網	鼓勵會員推薦新人以擴展組織業績
4. 制度特性	公平合理精密周延很難坐享其成	高報酬易陞遷可以坐享其成
5. 公司壽命	長久（10年以上）	短暫（3-5年左右）
6. 公司利潤來源	主要靠整體直銷商之零售業績	主要靠最底層新入會員之入會金額
7. 加入條件	無需繳貸或僅需繳交小額資料費用且無需訂貨	須繳交高額入會費或認購相當金額商品
8. 產品特性	為消費品，種類多因顧客可重覆購買，而能維繫直銷網並獲取零售毛利	種類少，非重覆消費品，直銷網很難持續
9. 產品價格	產品定價合理且具有市場競爭力	產品定價偏高或價值很難確定
10.產品保證	有滿意保證或責任保險	無滿意保證或責任保險
11.產品退貨	可接受無因退貨（或10天以上）	不准退貨或在嚴格條件下才能退貨（5天以內）
12.售後服務	有	無
13.直銷商利潤來源	以零售毛利和獎金差額為主要來源	以介紹他人抽取佣金為主要收入來源
14.公司成員之約束	公司內部職員不可兼任直銷商，且本身不作零售工作	公司內部職員可兼職介紹他人以抽取佣金
15.直銷商之保障	直銷商之義務、責任和應享權利規定清楚	缺乏保障
16.直銷商之訓練	由零售而推薦，以家庭聚會為主，專用會場為輔，包括制度說明和零售訓練	以訓練會員如何拉人為主，所以只有專用會場介紹制度
17.會場特性	樸實而不浮華，注意制度說明、零售訓練和經驗分享	注重佈置豪華，且利用許多會場花招以誘騙新人馬上加入

（資料來源：吳水丕，「多層次傳銷之研究」）

第三章

怎樣才是優良的傳銷公司？

　　要從事直銷的第一步，是選擇一家好的傳銷公司，尤其是要「優良」的傳銷公司，便一定能夠避開「老鼠會」。但縱使避開了老鼠會，進入一家並非很好的公司，不久公司倒了，直銷美夢也隨之破碎，據「傳銷年代雜誌」統計，有百分之八十五的傳銷公司，都在成立之後十八個月內被判「出局」，可見經營一家好的直銷公司不容易，選一家好公司以實現「自由與尊嚴」的直銷美夢，更需要智慧與洞察力。

　　選一家好的傳銷公司，可從公司的成長背景、歷史與營業現況，制度與組織，利潤與產品，教育訓練及其合法性等方面，嚴加觀察，仔細選擇。

3-1公司成長的歷史背景與現況

　　觀察一家好的傳銷公司，應從它的成長歷史背景開始瞭解，經營理念為何？經營現況及未來可能發展又如何？或許在未成為公司成員之前，不容易掌握確定可靠資訊，以為判定之標準。所幸，好的傳銷公司不論是召開OPP（公開創業說明會），或直銷商活動，都是公開的。只要以「務實」態度去觀察、瞭解，要判定一家傳銷公司的好壞程度並不難，經過客觀、理性的判斷，是決定是否「獻身」該公司的第一步。

從那裡看傳銷公司的成長歷史背景？

　　一、創辦地點與年代：有明確的地點及中間搬遷地點

經營大志典

✦一生最重要的事之一是選擇職業，但我們往往憑藉「偶然」決定它。

　　　　　　　　　　　　　　　　　　　一法・柏斯卡爾

均明確，絕不可以是只有電話、信箱而沒有明確地點，若然則絕非一家好公司。年代較不易確定成立多少年才是好公司，但成立較久的公司總比新成立的「安全」或「安定」，例如有百分之八十五的傳銷公司在成立十八個月內倒閉，那麼概約從成立起兩年之內可算是傳銷業的「陣痛期」。

二、公司成長過程的重大「事件」：事業機構的成長很少是「平步青雲，一帆風順」，傳銷公司從成立開始必須向公平交易委員會報備，接受各項檢查。或公司內部的利益鬥爭，若處理不慎便引發倒閉危機，但這些事件也是考驗公司的合法性及危機處理能力。例如玖順與雙鶴公司在八十三年間曾有法律糾紛，最後公平交易委員會判決玖順公司違反「公交法」敗訴，經過此案後雙鶴公司的「合法性」乃更明確，無異增強公司的號召力。

三、社會大眾對公司的印象（形象）：公司形象的好壞通常是經由傳播媒體轉達給大眾的，但決定形象好壞除了

經營大志典

✿男人最怕入錯行，女子最怕嫁錯郎。

「重大事件」外，「大人物」的背書影響很大。例如一九八〇年美國總統雷根公開讚揚安麗公司，「發揮自由企業的精神，創立獨特的外銷技術，建立一個令人信賴的商業王國。」民國六十九年安麗分公司在台開業前，當時的總統蔣經國先生特別約見安麗公司董事長、美國總商會理事長溫安格(Jay Van Andel)，強調維護美商在華投資合作。這是一個很好的「印象」，給直銷商及想加入的人一顆「定心丸」。

從公司現況看永續經營的條件

「現況」是重要的指標，沒有現況就沒有未來，現況不佳就是欠缺永續經營的條件。觀察「永續經營」應從以下數點著眼。

一、是否合法？這個問題包含兩個層面，第一層是否向公平交易委員會報備？第二層報備後是否合法經營，必

經營大志典

❀有正確的經營理念，始能活用人才、技術、資金、銷售等各方面的制度。

一日‧松下幸之助

須「言行」都合法，才能稱合法。

二、是否有公平、公開與合理的制度？傳銷制度包含很多內容，但總不離「公交法」和「傳銷法」所訂定的範圍，將在另節討論。

三、是否定期舉辦各項教育訓練？好的傳銷公司必須有正常、定期的推行各種教育訓練，為直銷商充電、進修與解決問題之管道，是「定期」舉行，而不是偶然行之，這是公司制度之一環。

四、產品（勞務）的市場需求量。有市場潛力的產品及充足的零售行為，是使傳銷公司不致於成為老鼠會的要件，故看一家傳銷公司的「現況」，要觀察是否有可以銷售的產品、市場需求量及零售行為。具備這些可以直接證明公司現況經營正常，有永續經營的條件。

五、行政支援及後勤補給能力如何？正常的傳銷公司，其行政人員不應加入直銷商行列，以保持行政中立。

經營大志典

✤許多經營思想的悲哀處，即在於欠缺管理手段。

—日·藤田藤雄

這種制度設計的理由，在避免流弊的產生，防止業績造假，並能責任與義務分明，保障各成員（直銷商及行政人員）的權益。

　　觀察傳銷公司的成長歷史背景及現況，亦可從中瞭解公司的經營理念及財力。若公司負責人只想撈一票就走，則公司經營必難長久；反之，有好的經營理念，有市場需求的產品，良好的教育訓練，公司經營必能長久，就是一家可以獻身奮鬥的傳銷公司。

經營大志典

✤企業不只是要順應情勢的變化，還要創造情勢的變化。

—日‧大橋武夫

3-2 如何才是優良的傳銷制度？

在傳銷界所稱「制度」，泛指傳銷公司在吸收直銷商時，依法應告知的「事業計畫」，直銷商的業績利潤計算。故所稱「優良的傳銷制度」，應從傳銷制度種類、傳銷公司及直銷商等方面來剖析，才能正確判斷一家傳銷公司制度的好壞。

傳銷制度的種類

依據專家研究各傳銷公司的制度，就入會及產品銷售方式而言，傳銷制度的種類有四種。

一、會員制：入會時先繳一筆會費或保證金，然後才能購買公司產品，各公司大致折扣均從百分之二十起。會

✤只要堅定意志，冷靜思考，不景就會變成改善企業體質的最好機會。

　　　　　　　　　　　　　　　　　　—日·松下幸之助

員的升級頭銜隨進貨多少而高昇，進貨折扣率也增加。這種制度易於質變成老鼠會，危險性就在「繳費愈多，職位愈高」，而不問銷售多少產品。改善之道，應以產品銷售量（指直銷商的產品零售量）為職位升級之依據。會費或保証金若能維持在二千元以下（八十四年幣值）為最佳，但產品若有方便的退貨制度，亦不失為一個好的制度。

二、逐級批發銷售制：這種制度的傳銷公司頗類似傳統事業做法，產品從製造者出產後，各地區凡合於條件的批發商，均可依其能力大量進貨。這些大批發商可在自己地區範圍內徵求有能力進貨的中型批發商，就這樣「逐級批發」，這種制度在英、美、法國家，稱之「層壓」，亦可稱「直銷」。

三、零售組織制：這種傳銷制度要求標準低，任何人都可以參加該公司的銷售行列，或用極小代價也可以換取產品銷售權。但因參加人條件太寬，成員不會積極投入，

經營大志典

✤經營，沒有所謂絕對的東西。

一法・法伊阿爾

造成流動性高，像一盤散沙。故在這種公司的直銷商難成大氣候，成就感較底。

四、零售與批發複合制：此種傳銷公司的成員包括零售和批發商，這兩種人所享有的折扣不同，但可選押由零售或批發起家。經濟能力較差者，選擇零售做起；能力較佳者，可選擇批發起家。這種是目前最好的傳銷制度，惟各種制度必然在演進改良中，最好的未必是永遠最好，經汰劣擇優後，好制度必能長存。

完美傳銷制度的條件

傳銷公司的制度要怎樣才算好，或說「接近完美」，全球最大的安麗公司具有傳銷制度的「代表性」，可做範例說明。

一、公平：

㈠除年齡外，沒有加入條件限制，全球皆同。

✤我等欲為大業，必在青年。

—德‧康德

㈡任何人加入直銷行列，須有一位推荐人介紹。

㈢全世界直銷商都使用統一的獎金制度。

㈣任何直銷商均可推荐他人成為自己的下線。

二、合理：

所謂「合理」，指直銷商的獲利「利潤」合理，安麗直銷商的零售利潤是百分之三十。比之傳統經銷制，零售商獲三成毛利，另外大、中、小盤的中間商也要利潤，安麗公司的產品訂價仍算合理。另外安麗公司直銷商的各種獎金如下頁表：

表內的各種獎金並非重疊，各種獎金發放都有其特殊意義存在，能夠鼓勵各級直銷商更上層樓。再者，直銷商的業績獎金是百分之二十一，領導獎金百分之四，紅寶石獎金百分之二，明珠獎金百分之一，合計是百分之二十八。其他的百分之七十二，安麗要支付管理費、關稅、貨物稅，仍在合理限度內。

經營大志典

❀做事一定要得報酬，不論工作之精細或粗重，不論你是種田，還是作詩，只要是從事正當職業的人，必有其成就感，最後也都一定能得到報酬的。不論你失敗多少次，最後之勝利必屬於你。工作成功的報酬，就是工作的完成。

—美·愛默生

獎銜	資格	月結獎金	年度獎金	單次獎金
銀獎章	● 個人小組 25 萬分 ● 21%×2 組 ● 21%×1 組+個人小組 10 萬分	業績獎金	—	—
金獎章	銀獎章×3 個月（不須連續）	業績獎金	—	—
直系直銷商	銀獎章×6 個月（3 個月連續）	● 業績獎金 ● 4% 領導獎金（若符合資格）	—	—
紅寶石 直系直銷商	個人小組 50 萬分	● 業績獎金 ● 2 %紅寶石獎金 ● 4% 領導獎金（若符合資格）	—	—
明珠 直系直銷商	21%×3 組	● 業績獎金 ● 1%明珠獎金 ● 4%領導獎金	—	—
翡翠 直系直銷商	21%×3 組×6 個月	● 業績獎金 ● 1%明珠獎金 ● 4%領導獎金	翡翠獎金	—
鑽石 直系直銷商	21%×3 組×6 個月 * 21%×7 組×6 個月	● 業績獎金 ● 1%明珠獎金 ● 4%領導獎金	● 翡翠獎金 ● 鑽石獎金 * 執行專才鑽石獎金	—
執行專才鑽石 直系直銷商	21%×9 組×6 個月	● 業績獎金 ● 1%明珠獎金 ● 4%領導獎金	● 翡翠獎金 ● 鑽石獎金 * 執行專才鑽石獎金	—
雙鑽石 直系直銷商	21%×12 組×6 個月	● 業績獎金 ● 1%明珠獎金 ● 4%領導獎金	● 翡翠獎金 ● 鑽石獎金 * 執行專才鑽石獎金	20 萬
參鑽石 直系直銷商	21%×15 組×6 個月	● 業績獎金 ● 1%明珠獎金 ● 4%領導獎金	● 翡翠獎金 ● 鑽石獎金 * 執行專才鑽石獎金	40 萬
皇冠 直系直銷商	21%×18 組×6 個月	● 業績獎金 ● 1%明珠獎金 ● 4%領導獎金	● 翡翠獎金 ● 鑽石獎金 * 執行專才鑽石獎金	80 萬
皇冠大使 直系直銷商	21%×20 組×6 個月	● 業績獎金 ● 1%明珠獎金 ● 4%領導獎金	● 翡翠獎金 ● 鑽石獎金 * 執行專才鑽石獎金	160 萬

三、簡單明瞭：

安麗公司把薪酬制度簡化成兩個簡單明瞭的表格，全世界任何安麗直銷商一律通用，一個是前面的「獎金收入表」，一個是每月的「業績獎金表」，如下：

業績獎金表	
如果你當月的績分額爲：	您的業績獎金爲：
250,000 或以上	貨售額 21%
170,000—249,999	18%
100,000—169,999	15%
60,000—99,999	12%
30,000—59,999	9%
15,000—29,999	6%
5,000—14,999	3%

表列業績獎金比例隨各種經營額的增加，而從百分之三，增加到百分之二十一，獎金計算簡單，公開、明瞭，沒有任何「不明不白」之處。

經營大志典

❋敬業需注意兩件事：即已著手之工作必完成之，已接受之事務必誠實爲之。

一民國・孫文

四、設計周延：

好的直銷制度必能「銷售與推荐」雙全，只有銷售不僅利潤有限，而且不能建立龐大銷售網，直銷商王國就很難建立。只有推荐又淪為老鼠會。故安麗的直銷計畫運作主要依據兩個基本概念：銷售高品質的產品、推荐安麗事業機會給他人。如果你的下線做了百分之二十一的業績，而你完全沒有業績，也拿不到直系直銷商獎金。安麗這個設計是要讓直銷商明白「天下沒有白吃的午餐」。

五、激勵性：

能激勵人們自願、樂意地不斷超越顛峰，是為好的制度，安麗直銷商的獎銜從銀獎章開始，到皇冠大使直系直銷商，各個層次除月獎金、年獎金、單次獎金外，有各種表揚、海外旅遊，激勵性都很高。

經營大志典

❀從事生產事業的人，最重要的就是信賴自己所屬的公司。
—日・松下幸之助

完整傳銷制度的範疇

廣義的傳銷制度範疇很廣，包含傳銷公司與直銷商各方面的「成文規定」，及依據「公交法」與「傳銷法」所規定的內容，均屬「制度」範圍，通常包括有：

一、傳銷公司組織、直銷計畫、營業守則、資本額。

二、營運計畫或規章，及交易須知。

三、直銷商合約之簽訂。

四、推荐與銷售之規定（含國際推荐，安麗有）。

五、公司與直銷商的權利、義務關係。

六、訂貨、退貨手續及辦法。

七、直銷商加入及退出規定，及因退出而生之權利義務關係。

八、商品或勞務擔保（保險）責任之條件、內容及範圍。

九、直銷商獎金、佣金、利潤之取得，及其他經濟利

經營大志典

✿事來莫放，事過莫追，事多莫怕。

—清・唐彪《人生必讀書》

益之計算方法。

　　十、直銷商升遷、升級之規定。

　　從制度之剖析，可以探知傳銷公司經營理念、管理哲學、誠信原則及公司之良窳。但如果不對整個制度進行瞭解，通常不過窺豹一斑，迷惑難解，陷阱不易發現。

✤「沒有辦法」只是低能兒和自私者的口頭禪。

—德・叔本華

3-3 優良傳銷公司的組織

　　傳銷公司的組織是制度的一部份，但傳銷公司為了各種不同的經營目的（或理念），會在組織架構上做某些「刻意」的安排，不問就理的新人常弄不清楚，也許好的傳銷公司和老鼠會的組織架構，就在那「一線」之間。這之間的差別，及優良傳銷公司的組織應如何？還是要從傳統出發來做比較觀察，才易於區分各種組織形態的好壞。

傳統事業與現代傳銷事業組織的不同

　　組織架構（公家機關或私人企業機構）的安排，是現代社會各種團體欲有效運作，首要考量的「硬體」，有了這個硬體規範，遊戲規則得以被尊從。蓋因「組織」可用權力迫人服從，可藉獎懲方法使人就範，但這種方式易使組織

經營大志典

❀須認清經營與管理之別，經營是目的與方針的決定，管理
　則是將其訴諸實際行為中，以方法或手段使其具體化。
—日‧藤田藤雄

成員產生疏離感(Alienation)。社會科學大師韋伯(Max Weber)，稱這種組織形態為「官僚」(Bureaucracies)組織。

　　傳統的組織架構(不論政府機關或民間企業)，雖然時代已進入「後工業時代」，但絕大多數仍難以脫離韋伯所說的「官僚」體制。這個傳統的組織架構，用下頁的組織圖表示之。

　　傳統事業的組織，總經理在董事長的授權下，綜理公司的全般事宜，值得注意的是銷售部門與其他各部(總務、人事、製造、會計、管理)，地位平齊，並未凸顯出以「產品銷售」為導向的企圖，當然就沒有產生以產品銷售為導向的「善果」。

　　為了改進傳統事業的組織缺點，傳銷公司在組織架構上有重大改變，完全以銷售產品為導向，乃凸顯銷售部門的重要性。這個傳銷的組織架構如下頁圖。整個組織區分兩大部，一是行政部門，由總經理負責；另一是業務部門，

經營大志典

✤經營企業最重要的業要存有和所有關的人「共存共榮」的心。

一日・松下幸之助

傳統事業的組織圖

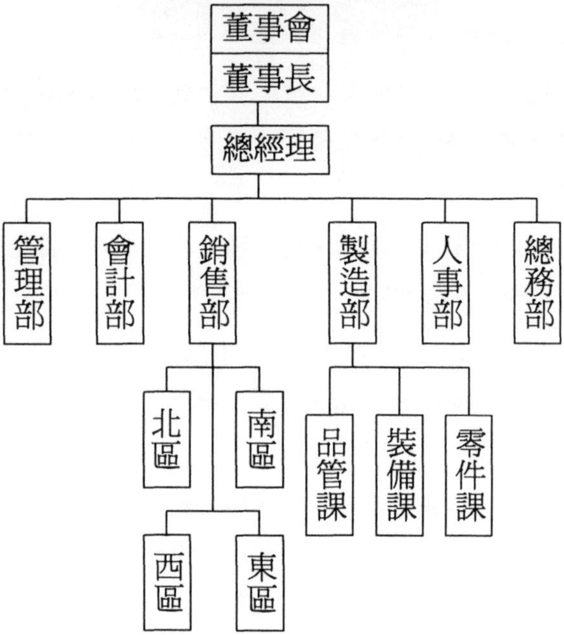

經營大志典

✤一個人的智慧，絕對比不上羣眾的智慧。上司積極聽取部屬的意見，才能得到成長和較高的工作成效。

—日・松下幸之助

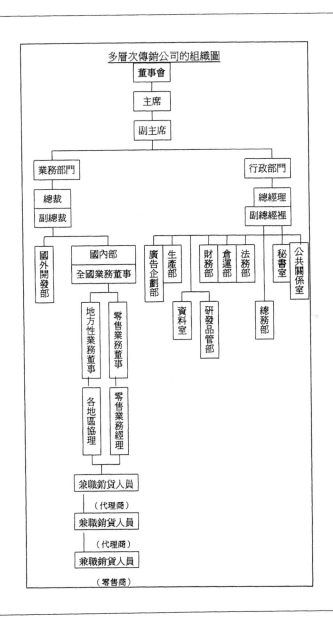

多層次傳銷公司的組織圖

董事會

主席

副主席

業務部門 —— 行政部門

業務部門：總裁 — 副總裁 — 國外開發部、國內部（全國業務董事）

國內部：地方性業務董事 — 各地區協理；零售業務董事 — 零售業務經理

行政部門：總經理 — 副總經裡 — 廣告企劃部、生產部、財務部、倉運部、法務部、秘書室、公共關係室

生產部 — 資料室；財務部 — 研發品管部；秘書室 — 總務部

地方性業務董事 — 各地區協理 — 兼職銷貨人員（代理商）— 兼職銷貨人員（代理商）— 兼職銷貨人員（零售商）

由總裁負責。業務部門專職開發市場，銷售產品，業務部門就像軍隊中的第一線戰鬥部隊，負責搶灘攻城掠地。在傳銷公司裡，這支強大的「野戰部隊」就是直銷商。

行政部門在總經理指揮、領導之下，綜理一切生產、財務、倉運、研發、總務等各部門，就像一支後勤支援部隊，供應直銷商所有必須的「武器、彈藥、糧秣」，使直銷商無「後顧之憂」。

我們可以說，愈是好的傳銷公司，行政部門愈能發揮支援功能，業務部門愈能發揮銷售功能，直銷商所要就是這種公司。

合法與非法的「金字塔形組織」差異

前面討論傳統與傳銷事業組織的不同，是從組織的「架構」來觀察的。現在更從組織的「層級」來討論，基本上所有的傳銷公司和老鼠會，若從外表形式來看，似乎全都

經營大志典

❀工作，頑強地工作——這是我們的任務。

—俄・高爾基《舊事》

是「金字塔形組織」，但是所謂「金字塔形組織」根本是非法的老鼠會。差別何在呢？非法的金字塔形組織，有兩個基本特徵：

一、**存貨負擔**(Inventory Loading)，加入者必須採購大量、不可退還的存貨，以取得參與該事業的權利，推荐人則從新加入者採購的存貨中獲得利潤。

二、**獵人頭費**(Headhunting Fee)，新加入者必須支付大筆會費，推荐人則收取該費的一部份。

早在一九七〇年代，美國加州法庭判決一家名叫「Figuretts」的公司為非法營業，因其利用「金字塔形組織」銷售，該公司要求將他們的行銷計畫與安麗公司做比較，以企圖取得全法地位。法庭拒絕接受這種比較，因為美國法律界對「安麗不是金字塔形組織」，早已有了共識。所以在判決中就說明安麗不是金字塔形組織的理由：

一、**安麗不收取獵人頭費。**

經營大志典

❀不懂工作意義的人常視工作為勞役，故其身心亦多苦痛。
—古希臘・蘇格拉底

二、安麗把銷售產品做為發放獎金的先決條件。

三、負責全數買回未被售出的存貨。

四、要求以零售方式銷售給顧客的產品，必須佔很大的百分比。（依安麗事業手冊，八十三年修訂版規定，推荐人每月須銷售安麗產品給十位不同的零售顧客，方能領取其個人銷售部份的業績獎金）

甚麼才是優良傳銷公司的組織？除了從「架構」和「層級」兩個面相做觀察區別外，恐怕還要配合銷售方式，繳費方式、獎金發放及存貨處理等方面，才能區分出好壞傳銷公司的根本差異。想要成為直銷商前，必先選一家好公司，要特別留意該公司的「組織」才行。

經營大志典

❀在這世界上，人人都要工作，這是神的旨意。同時，越是勤勞，越能得到幸福，顯然這也是神的旨意。

—英・羅斯金

*3-4*有沒有好的傳銷產品？

選擇一家好的傳銷公司，像辦終身大事般謹慎。挑到好的產品，正如娶到一個有幫夫運的好老婆。

傳銷公司是以其產品（勞務）為號召，沒有產品等於沒有這家公司，沒有好產品，也不是一家值得「獻身」的公司。所以產品可以代表公司的形象，新加入的直銷商一方面選公司，同時也在選擇產品。到底怎樣才是適合傳銷的好產品？如何選擇？

最適合傳銷的產品

那些產品適合用傳銷來流通？概依其實用性、價格、貯存方便、發展性及售後服務五方面來決定。用一個概括性的名詞「市場」，似乎更能傳神，也就是說傳銷公司的產

經營大志典

✿工作是人生幸福的一個重大要素。不單單是陶醉於真正的幸福感，除了工作之外，絕對無法獲得。

—瑞士・希爾提

品必須要有市場，或有「市場潛力」。

　　一、消耗性：為人們所不斷需求，如日常用品、消潔劑、化粧品、健康食品、養營品、服裝。這些產品在經常使用、消耗中，買了還會再買，有重覆消費的特質，才能使直銷商有經常性業績。

　　二、價格（單價高、利潤大）：如化粧品、保養品、珠寶、濃縮產品等。這些產品在成本和售價之間有較大「差距」適合傳銷的理由是對直銷商的誘因，積極銷售產品，並建立事業王國。

　　三、便於貯存：體積小，可久存，如化粧品、洗潔劑、珠寶、小家電用品、書籍等。這是配合直銷商的「普遍性、方便性」，直銷商以現有使用的交通工具便能經營，無須另做準備專用車輛。

　　四、發展性：不僅今天需要，且明日未來都有須要，除民生必需品外，如電腦、書籍、化粧品。

經營大志典

❀工作使一切美化，思想能創造新的生命。

　　　　　　　　　　　　　　　　　　　　　　一瑞典・諾貝爾

五、售後服務：產品簡單，專業性單純，技術性的售後服務低，如民生必需品，高級珠寶飾品、服飾、服裝、濃縮清潔用品。

歸納前述五項，得到一個結論，最適合做傳銷的產品是：濃縮清潔劑、化粧品、健康食品與高級珠寶。

公司的主力暢銷產品是甚麼？

台灣傳銷商品的兩大王牌是健康食品與化粧品，任何一家傳銷公司也都必須有「主力暢銷產品」，要強調的是「主力」與「暢銷」，二者欠一均不可，才能讓市場產生區隔而有佔有率。據傳銷雜誌統計國內健康食品的排行榜，發現佔有率最高的有五種（傳銷市場內）：

一、維他命：如安麗「天然Ｃ營養嚼片」、永久「纖維維他命Ｃ」、泰瑞「健康ＭＩＸ」。

二、高蛋白：如安麗「高蛋白素」、松柏「三基天然高

✿為工作而工作，是工作的真義。

—德・貝克

蛋白」、雙鶴「高蛋白」。

　　三、纖維素：如泰瑞「纖若芙餅乾」、「纖若芙茶」、「纖若芙高纖奶粉」、永久「纖維維他命Ｃ」。

　　四、礦物質：如統健「骨粉」。

　　五、天然食品：如雙鶴、偉新、統健都有靈芝產品，永久的「蘆薈汁」，松柏的「天然棗精」，雙鶴的花粉都是主力暢銷產品。

　　化粧品、保養品也是許多傳銷公司的主力暢銷產品，如化粧品，安麗有三十七種，仙妮蕾德有十四種。保養品安麗有三十九種，永久有二十一種，如新有二十四種，松柏有十二種。

　　如果傳銷公司沒有「主力」、「暢銷」產品，這便是一家不可靠的公司。

經營大志典

❀不要把工作當作義務，要當作權利。

　　　　　　　　　　　　　　　　　　　　　──日・池田大作《青春寄語》

產品的品質保證方式為何？

　　各傳銷公司推出的產品，都利用不同方式確保其品質，一般而言公司形象就代表「品質」水準。例如「安麗」代表安麗公司出品的產品具有很高的品質，這是社會大眾可以肯定的，但以更具體的方式來執行該公司的產品保証，以下列兩種較特別：

　　一、投保產品責任險：雙鶴公司為確保產品品質及服用人權益，在富邦產物保險公司投保一百萬元，投保產品有靈芝、花粉、七葉膽、蛋白素、如春茶及保健牙膏。

　　二、「顧客滿意保證」：安麗公司的廚具產品顧客自購買日起，可以試用九十天，若對品質不滿意可退還原直銷商，並做下列選擇：免費更換同項產品；換購他項產品；價金全數退還。安麗的其他產品均有「顧客滿意保証」。

經營大志典

❉工作就是以自己的勞力，做成有益於人類的事業。

—王光祈

對產品的瞭解及感動

　　對產品瞭解的程度愈高，銷售率愈高，這是一則推銷「鐵律」。所以選擇一家公司，必須同時選擇產品、瞭解產品。對產品瞭解的範圍包含產品的功能、屬性、市場佔有率、暢銷原因、銷售要訣。

　　對產品的感動來自對產品的接觸和瞭解，自己對產品有心得，推荐別人才易於成功。在準備加入傳銷業前，選擇所要傳銷之產品，應有如下之考慮，也許更容易對產品發生「感動」。

　　一、若醫生、護士做傳銷，可考慮營養食品或健康器材。

　　二、喜歡讀書的人加入傳銷，以書籍為佳。

　　三、有相當條件「美」的女人做傳銷，以化妝品、保養品較有說服力。

經營大志典

❀工作是酒鬼的剋星。

　　　　　　　　　　　　　　　　　　　　　　　　—英・王爾德

四、產品與自己的學歷、專長或過去經驗有關，較易於進入狀況。

五、自己或親朋好友因使用產品產生重大效果（如服用靈芝使慢性病好了），以此為見証易使產品發生較大的感動力。

總之，一家可靠的傳銷公司，必須有可以廣大號召的產品，這些產品都是適合傳銷條件的，同時公司在在眾多產品之中，也要有主力產品，這樣直銷商才有可以發揮的重點與廣大空間。

選公司前先看賣的是什麼產品？適不適合你來賣？有沒有市場佔有率？有了較明確的答案後再「下海」吧！

❀對工作要有如對自己般摯愛。

－英・貝克

*3-5*公司是否提供充份教育訓練？

在傳銷公司裡，各種教育訓練是一把最有利的武器，不僅賴以提高直銷商素質，也用來解決各種問題。幾乎一切傳銷業務都和教育訓練有關，如何一步步地做好直銷（尤其零售、推荐、服務三大技術），對新直銷商而言要儘早入門，對老的直銷商而言在技術的提昇。這些屬於整體性的教育訓練活動（各種會議、講習），個別直銷商沒有能力實施，必須由公司提供全面支援，做為所有直銷商的後循。各種會議都有不同的教育訓練功能，是傳銷公司的特色。

教育訓練對傳銷的功能

任何一家傳統性質的公司行號，對於成員的教育訓練

✤余既滋蘭之九畹兮，又樹蕙之百畝。

—戰國・屈原《離騷》

都非常重視。但在傳銷業裡，教育訓練的重要性更高於傳統事業機構。有一種現象，在傳統事業中成員大多是「被派」去參加教育訓練；但傳銷中的成員絕大多數是主動積極去參加，只要有教育訓練機會，就會千方百計、排除萬難去參加。為甚麼？因為優良的傳銷公司所辦的教育訓練，必具備下列功能：

一、提昇直銷商素質（指零售、推荐、服務）。

二、解決各種疑難雜症（個人、市場、產品）。

三、觀念改變、歸零學習都從教育訓練開始。

四、上線如何領導？下線如何跟進？都在各種會議、講習中，得到充份學習。

五、提供一個學習場地與機會，須要「充電」的直銷商隨時可以「入學」就讀。

六、維持系統的正常運作，是建立組織網，擴大銷售網的基礎。

經營大志典

✿要使山谷肥沃，就得要時常栽樹。

　　所以優良的傳銷公司辦的教育訓練，有如置身於一所好的大學。許多學歷不高、天資平平的直銷商，在傳銷公司的訓練下，其行為舉止、經營能力、人品道德出現重大突破，而成為企業家、領導者。傳銷界的名人劉元卿、陳若仙說的很貼切：「傳銷公司是綜合了家庭教育、學校教育及社會教育的機構。」

新直銷商的教育訓練

　　對初入公司的新直銷商，應給他三種知識：商品知識（賣什麼？）、銷售知識（方法與技術）、傳銷系統的本質及價值。

　　一、商品知識（賣什麼？）在商品的內容、優點與價值：指商品本身的優點及價值，及與其他同類商品比較後，所產生的相對優點及價值。只要這兩個價值觀讓顧客接受，商品必易於出售，並有利於後續銷售。

經營大志典

❀一年之計，莫如樹穀；十年之計，莫如樹木；終身之計，莫如樹人。

—春秋・管仲《管子・卷一・〈權修〉》

二、在銷售知識（技術與方法）：傳銷產品大多不是直銷商用嘴巴說好就可賣出去，而是透過產品示範，有的營養食品甚至要「實驗証明」，讓顧客的眼睛在現場「活生生」的看到真的好產品，才易於成交。傳銷的許多方法和技術，均賴公司舉辦系列教育訓練完成之。

三、在傳銷事業的本質及價值：新直銷商有許多事情是「存疑」的。若未及時解疑去惑，很快就會成為「死線」，所以由上線引導參加各種教育訓練是必要的。至少下列各項可以改善。

㈠參加直銷的「決心」可以增強。

㈡投入直銷的意義在建立屬於自己的事業。

㈢不光靠自己投入，當組織網建立後再逐漸擴張，才能成為一種事業。

㈣愈多的疑惑被解決後，成為死線的機率也愈少。只要不成為死線，就有很大機會成為「強網」。

經營大志典

❀人材者，求之則愈出，置之則愈匱。

資深直銷商的教育訓練

大致從事直銷約兩年後，新人那種戰戰兢兢的精神可能已經減退，有些是遭遇種種困難不能突破而在原地踏步，有的正通過成長階段邁向更高層。針對不同對象，傳銷公司在安排教育訓練時，應「因材施教」，上線尤其要耐心帶領。

一、對兩年左右尚難有大突破的直銷商，例如安麗公司直銷商，在二年內達不到「直系直銷商」。如雙鶴公司的直銷商在二年內達不到「副理」，或威望公司在二年內達不到「經理級」。這些都算難有突破，應由「特訓班」專責講習。

二、對失敗者的教育訓練。直銷商衝刺兩年，不僅沒有進展，在原地踏步，沒有業績，甚至準備退出，都算是失敗者。這種情形上線負很大責任，應排除萬難引導失敗

經營大志典

✿一朵花開千葉紅，開時又不藉春風。若教移在香閨畔，定與佳人艷態同。

—唐・子蘭〈千葉石榴花〉

者參加各種教育訓練。有的要從「歸零學習」開始，從觀念、方法、技術的重新調整再出發。

三、中階層以上領導人的教育訓練。對從事直銷已經二至三年左右的直銷商，其下已有大約十個「活線」，約有一百個固定使用產品的消費者，則具備了「領導人」的條件，可加以栽培向鑽石級直銷商邁進。

教育訓練的主要型態——各種集會

傳銷的各種集會不僅是傳銷公司教育訓練之主體，也是教育訓練的主要型態，若取消這些集會，將可能導至傳銷公司的瓦解。可見集會對傳銷事業的教育訓練產生莫大功能，地位甚為重要。歸納安麗、雙鶴的各種集會，大致有三類：

一、由公司舉辦：傳銷商大會、表揚大會、年會、鑽石躍昇大會、海外旅遊研討會、領導會議。

經營大志典

✿不素養士而欲求賢，譬猶不琢玉而求文采也。
　　　　　　　　　　　　—宋・司馬光《資治通鑑・漢紀》

二、由系統舉辦：公開創業說明會、見証會、地區公辦研討會、高級直銷商領導會議、特訓班。

三、傳銷商自行舉辦的下線教育訓練。家庭式創業說明會、家庭式訓練會、各式會議的會後會、定期或不定期研討會。

由於各種集會對傳銷都有特定的意義，地位重要，均在下節進一步討論各類集會。惟這些集會不論是公司舉辦，或系統與直銷商舉辦，都是公司教育訓練的一環，從這些會議就能看出公司的規模、經營理念、資源是否豐沛等。一般而言，教育訓練資源愈豐富，對直銷商愈有利，邁向高峰的機會也愈大。

經營大志典

✤馬不伏櫪，不可以趨道。

—漢‧班固《漢書‧李尋傳》

3-6教育訓練的主要型態——
集會

　　集會,是傳銷界教育訓練的主要型態,各種類型的集
會均發揮各種特別功能。從這些傳銷集會的籌備、開辦、
維持及其產生的功能,同樣可以做為觀察傳銷公司或系統
的優良程度。公司的經營理念,是否具備強勢作為,是否
具備永續經營的基礎?可以從這些集會看出端倪。

　　各家傳銷公司運用的集會方式花樣很多,但目前國內
以安麗和雙鶴公司的集會,最具「專業素養」,故這裡以介
紹這兩家公司的各式集會為主。

由傳銷公司所舉辦的集會

　　一般由傳銷公司主辦的集會有傳銷商大會、年會、鑽

❀土之美者善養禾,君之明者善養士。

　　　　　　　　　　　　　—漢・班固《漢書・李尋傳》

石躍昇大會、海外旅遊研討會及新副理領導會議,以上均屬大型會議,並與全體直銷商有關。

一、傳銷商大會

通常每月召開一次,地點在北、中、南區各舉辦一場,會議主要內容可歸納為三點:

㈠公司行政部門提出行政報告:內容計有宣達重大政策,活動預告,公司發展現況等訊息。

㈡表揚優良直銷商,激勵其他直銷商。

㈢成功者演講,藉鑽石直銷商的經驗分享,直銷商可以體驗成功者的奮鬥歷程,分享得失做為借鏡,避免無謂的摸索。

二、年度大會

安麗和雙鶴公司都有年度大會,這是傳銷公司每年最大的集會,參加人員均在數萬以上,公司所投注人力物力,籌劃工程規模尤為浩大。這種年會的特色是:

經營大志典

❖金在礦,善冶鍛而為器。

―《唐太宗紀》

㈠「參加大型集會，可以幫助一個人下大決心。」這是許多大型傳銷公司及卓越直銷商的共同理念。

㈡年會之目的，在使全國各角落的直銷商拉近距離，共同感染那份熱誠、積極的活力，進而形成一個共創事業的共同體。

㈢激盪傳銷高昂的士氣，使其勇於衝破難關，勇於下達決心，提昇邁向成功的動力。

三、鑽石躍昇大會 （雙鶴）

這是半年會，目的在表揚鑽石級直銷商，激勵他們再突破現有成就。再藉雙鑽、參鑽、金鑽成功者的現身說法，以激起夥伴們對未來許下宏大的目標，並提供夥伴們在奮鬥歷程中，擁有典範支柱。

四、海外旅遊研討會

對於業績達到相當程度的一種最高肯定，雙鶴公司有「副理級傳銷商海外旅遊研討會」及「鑽石級傳銷商海外

❖上帝時常派遣援助人類的天使，去幫助那些願意做自己工作的人。

——瑞士・凱勒

旅遊研討會」兩種。安麗公司從「鑽石直系直銷商」開始，到「皇冠大使直系直銷商」，共有六種海外旅遊研討會。其他直銷公司也有各種海外旅遊研討會，對直銷商是很大的吸引力和激勵。

五、新副理領導會議 (雙鶴)

每月舉辦，對象是新任副理傳銷商。在雙鶴公司榮陞副理直銷商，就是正式蛻變成一位領導者的角色。這個會議為期兩天一夜，課程有「雙鶴事業哲學」、「公司行政體系介紹」及鑽石領導者演講。

由系統所舉辦的集會

各傳銷公司由其系統所舉辦的集會，有創業說明會、見証會、一等副理級傳銷商領導會議、特訓班等。

一、創業說明會

「創業說明會」，又叫「事業機會說明會」(Business

❖「將來」屬於那些工作勤勉的人。

一法・孟德斯鳩

Opportunity Meeting)，簡稱「OPP」，這是傳銷公司引導新人加入最重要的經常性會議。通常禮聘有經驗的講師，把公司的背景、產品、制度、福利、創業機會、直銷商傳統事業不同等各方面，大約運用一個多小時來解說。「創業說明會」通常安排主持人、引言人、主講人或見証人，把會場控制的很熱絡、興奮、有前景，並且富有氣氛的感染力。

有些小型或家庭式的創業說明會，可由直銷商舉辦。較定期或大型的創業說明會，有時候由公司舉辦。

二、每月各地的公辦研討會

前面的創業說明會是針對新人，這裡的「研討會」是針對已有基礎的直銷商，大致上區分三個單元：

㈠產品知識解說。

㈡經驗分享。

㈢有關開創事業的專題演講。

經營大志典

✿幸福與勞力是不可分離的好朋友。

—土耳其諺語

研討會重點在經營技巧和經營理念，是給有基礎的直銷商成長的機會，也是教育訓練最直接的會議。

三、在傳銷界最特別的教育訓練，就是「見証會」，可以使傳銷商們透過一個「實證」，堅定對產品及傳銷公司的信心，見証會的內涵、過程如下：

㈠邀請使用產品而得到明顯利益（如健康改善）的朋友，分享他們接觸產品、使用產品，及因產品而得到的利益或心得。

㈡堅定對從事該項傳銷事業的信心。見証者講述的都是自己的切身經驗，會場的直銷商更能深刻感染到獲得成就後的喜悅，增加對事業的信心與責任感。

㈢見証會的下半段，通常邀請與產品有關的專家學者，對產品提出解析，說明每樣產品為甚麼「好」的理論基礎或科學上的依據，增加說服力。

四、一等副理級傳銷商領導會議（雙鶴）

經營大志典

✤勞力的成果是所有果實中最甜美者。

一法‧佛夫那格

這是領導階層傳銷商自我提昇的教育訓練會議，時間在兩天以上（雙鶴公司是三天兩夜），在系統精心安排下，議場選擇在國內清靜優雅的飯店或休閒據點，讓與會的領導者擁有最佳學習環境。課程內容以研究領導哲學、如何面對未來開創新局、營運理念、成功者演講、建立組織網。

五、特訓班（安麗）

安麗全皇體系的「特訓班」，針對已有相當業績的直銷商，進一步精進提昇的特別班次，時間約有數週，每週一至二次，每次兩小時課程。內容以研究銷售技術、產品展示、塑造形象、推荐技巧、邀約技術、直銷計畫等為主。

由直銷商所舉辦的集會

非公司或系統所舉辦的會議，就是由直銷商個人舉辦，一般稱為「線下教育會議」，是以家庭為基礎教育訓練方式。有家庭式創業說明會、家庭式訓練會，在雙鶴公司

經營大志典

✿我們表現最好、做得最完美的工作就是我們經過長久練習而瞭解得最透徹的工作。這成果會在不知不覺中降臨，悄然如樹葉飄落。

—美・梭羅

均有詳細規定其運作方式。

一、家庭式創業說明會

在傳銷商家中舉辦，提供一個從業的入門機會；同時也是直銷商學習建立領導條件的初期會議，其特點、功能與運作說明如後：

㈠**方便**：就在直銷商家中，參加者往往是直銷商的親朋好友或左鄰右舍的熟識者，較不受時間、空間環境影響。在氣氛上輕鬆自在，親切自然。

㈡**會場過程易於掌握**：家庭式的溫馨感覺，使參加者極少中途退席，其退席機率遠小於公開創業說明會。

㈢家庭式集會通常邀請四到七人左右，使成員有較多討論、發問機會，且主持人與參加人有較多雙向溝通，這也是公開說明會所不及。

㈣有小班授課的功能，學習效果很大。

二、家庭式訓練會

經營大志典

❋工作成果若是顯而易見，那麼這樣的工作一定沒什麼意義。

—俄·托爾斯泰

在傳銷商家中舉辦訓練會，通常邀請一位有經驗的上線領導者，針對傳銷網中的一條新線所召開的線下訓練會，說明舉辦目的及時機。

㈠舉辦目的：直銷商大多以「兼職」開始，部份對事業欠缺深刻體認。透過家庭式訓練會，使新直銷商對傳銷有更具體概念，讓他們認知到不僅僅在「銷售商品」，而是在「經營事業」。每位剛加入的直銷商都是別人的下線，不久也將成為別人的上線，也要擔負起教育訓練工作。課程內容可針對不同對象，進行設計安排，使用時間可彈性調整。

㈡舉辦對象與時機：這是以家庭為據點的教育訓練會議，舉辦之對象、時機解說如下頁圖。當組織網中有一條新線產生，且人數成長到十至十五對左右，這條新線的上線直銷商，假設是Ａ，就必須針對這些新手直銷商，在Ａ的家中召開「家庭式訓練會」，並邀請有經驗的上線領導人

經營大志典

❁我的事業之所以稱得上成功，是由於不管任何場合，我必定提早十五分鐘到達的緣故。

—英・威爾遜

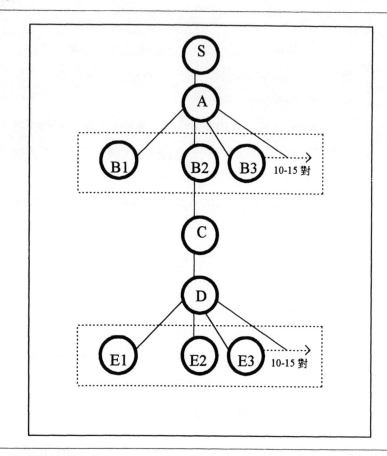

經營大志典

✿事業，是生命的鹽

—英國諺語

S來主持集會。同理D的下線達到十至十五對，也要在D家中舉辦訓練會，邀請有經驗的領導人C主持該會。

各式會議的「會後會」

任何傳銷會議結束後，由直銷商接續發起的聚會或討論會議，都可稱之「會後會」。當一場正式會議結束後，小組的領導人針對會議內容，再加以強調，或以自身見解做詮釋，使大家的感受更深刻。對有些成員而言，正式會議之後也許有些疑惑不解，「會後會」是解疑良機。故「會後會」應注意。

(一)時間以二十分鐘左右即可，不要拖太久。

(二)不要讓新人把問題帶回家，藉機幫他打「預防針」（避免傳播消極思想）。

(三)約定下次見面時間、地點。

(四)勿對別人做人身攻擊或批評。

經營大志典

❀思想活躍而又懷著務實的目的去進行任務，就是世界上最有價值的事情。

—德‧歌德

其他可以運用的集會

集會對傳銷業有很特別的功能，不僅推荐、銷售賴集會，教育訓練也賴集會完成之。其他可資運用的集會，尚有各種「產品推荐會」、「讀書會」、「勵志會」、「水餃聯誼會」、「經理研習會」等。安麗公司尚有「健康講座」、「美容研習」、「原味金鍋示範」、「淨水器展售會」、「直銷商培訓班」等。總之，傳銷業對集會的運用是多元的，最大功能就是教育訓練。

「集會」是一門技術，也是藝術，若要使集會產生預期的功能，準備工作就很重要。所以先做好準備、計畫，依計畫執行（中途盡量減少變數），中間過程應在掌控之內，必然會產生良好的結局。

經營大志典

✤工作──為青年人帶來希望，為中年人帶來信心，為老年人帶來安息。

─佚名

*3-7*是否合法經營的界定

　　一心想要從事直銷，實現人生的理想，第一步是找一家可以寄身並發展所長的公司。這家公司是否合法？是很重要的關鍵，但是如何去界定合法或非法呢？顯然這裡面可能不是光看幾份「文件」可以確認，也不是用「二分法」所可以區分出來的。若能兼顧理論與實際，則判定一家公司是否「合法經營」，較有實質上的意義。

「多層次傳銷管理辦法」的合法要件

　　依本法(傳銷法)第三條規定，傳銷事業在開始營業前，應以書面據實載明左列事項，向中央主管機關報備，要項如次：

　　一、傳銷組織或計畫。

經營大志典

　❋工作帶來勇氣，讓我們能用正確的方法立刻忘記所擔心的事，取代無益於擺脫煩憂卻徒使身心俱疲的消遣和飲酒。

—瑞士・希爾提

二、營運計畫或規章，並應載明參加人取得佣金、獎金及其他經濟利益之計算方法。

三、開始營業或實施之日。

四、主要營業所所在地。

五、規範參加人權利義務之契約內容及一般交易條款。

六、關於銷售產品或勞務之瑕疵擔保規定。

從「傳銷法」第三條的規定可知，傳銷事業目前採「報備制」，即傳銷公司只要向「公交會」依規定報備，就算是合法的公司。所以檢定一家傳銷公司是否合法？第一步查看報備及相關文件。

公司應告知直銷商的法定要項

第二步查看公司的合法性程度如何？是在新人決定加入該公司成為正式直銷商時，公司所必須告知新直銷商的

經營大志典

�֍工作是世間最大的律例，引領一些有組織的人走向成功的境界。

—日・井植薰

法定事項。按「傳銷法」第四條規定，參加人加入直銷前，
應先告知左列事項，不得有虛偽、隱瞞或引人錯誤之表示：

一、資本額。

二、傳銷組織或計畫。

三、營運規章及交易須知。

四、參加人應負之義務及負擔。

五、參加人直接推廣、銷售商品或勞務可獲得利益之
內容；如參加人於其所介紹加入之人再為推廣、銷售商品
或勞務時，可獲得利益者，該利益之內容及取得條件。

六、商品或勞務之種類、價格、性能、品名及用途之
有關事項。

七、商品或勞務瑕疵擔保責任之條件、內容及範圍。

八、參加人退出組織或計畫之條件及因退出而生之權
利義務。

九、其他經中央主管機關指定之事項。

經營大志典

✿工作能使愚人轉為聰明，聰明人轉為智慧，智慧的人轉為
穩健。

—美‧奧斯勒

所謂「告知」，除締結書面契約外，應有參加人簽名聲明業經告知之文件或其他証明方法。所以第二步檢查傳銷公司的全法性，就看有無告知「傳銷法」第四條各要項。

傳銷公司實際營業的合法性檢查記錄解析

行政院公平交易委員會於民國八十一年至八十三年間，針對國內傳銷公司進行檢查，受處分的有三十三家傳銷公司，其報備與未經報備大約各半。依據判決記錄，已經報備的合法傳銷公司，仍有違反「公交法」或「傳銷法」之情事，解析其「報備」而仍違法營業，可能之動機應有以下幾項。

一、企圖用「報備」獲得合法之掩護，以方便從事其他非法勾當，掩人耳目。

二、雖有報備，但不按「傳銷法」規定的項目（第三條共有六項）報備，針對有利的報備，不利部份均不列入報備

✿工作能使老年人在身體上，精神上，保有青年的精神。

一日・北川一榮

項目。

三、報備僅做給直銷商或新人要加入前看，以獲取「安全可靠」的印象。

四、雖有報備若干項目，但報備後又改變原來報備項目，進行對消費者及直銷商不利的商業行為。

五、報備不清楚，使公司和傳銷商之間的權利義務關不明確，發生問題方便推脫責任。

總之，界定一家傳銷公司是否合法，除了表面上的合法要件外，還要看實際運作情形。形式上必須合法之處就是報備要項及告知直銷商要項；實際營業上的合法，從直銷商的合約書、會費、佣金計算、升級方式、取貨、退貨規定，及直銷商退出公司時的處理，都是很好的判定機會。據以判定之標準就是「公交法」、「傳銷法」及公平交易委員會的處分判例（詳見其他章節分述）。

經營大志典

❀工作是找不到更好事情去做的人的避難所。

3-8優良傳銷公司的企業文化

　　企業文化是一個團體特色，而表現在每個成員的每日生活、工作、從事交易或其他活動，傳銷公司是有別於傳統公司行號的機構，更有其特別的企業文化。在國內眾多傳銷公司中，安麗公司打「親切、自然」牌，雙鶴公司打「主動、積極」牌，兩家公司的直銷商各有不同特質。但能把「企業文化」更具體化、成文化，讓直銷商奉為圭臬，則屬雙鶴公司。

　　雙鶴直銷商的特色是「主動、積極」，像一支備戰訓練中的「特種戰鬥部隊」，個個「勇猛頑強」，他們的信條是「五大原則、六大綱要、每日七事、夫妻一心」，但合起來可用「六大綱要」概括，簡介於後。

經營大志典

✤擺脫憂愁最常見、最有效的方法就是工作。

—瑞士・希爾提

五大原則

「五大原則」是直銷商經營事業過程中，共同恪遵的行為準則，即新主意要跟上線研究、不要對下線傳遞消極思想，不要困擾上下線、不要有金錢糾葛、不要亂搞男女關係、逐一註解如次：

一、新的主意要跟上線研究：

傳銷事業賴以成功的祕訣，在於用真正的智慧判斷，踩著前人成功的步伐前進，這就是「複製」的重要理念。任何可以傳遞的成功模式，都是經過無數挫折與實驗淬煉而成，絕非新直銷商心血來潮，靈光乍現的新點子所堪比擬。故有新方法不如先向上線研究，也許前人用過，切勿草率行事。

二、不要對下線傳遞消極思想：

「人的思想，決定人的一生」，若用消極思想面對人世，

經營大志典

�֍工作是高貴靈魂的營養劑。

　　　　　　　　　　　　　　　　　—古羅馬・辛尼加《書簡集》

想要成功是更加困難。通常上線想把一百個單位的積極思想傳給下線，下線能接收一半已算不錯；但若上線傳遞一個單位的消極思想，很快就蔓延滋生上百個單位，到處傳播不利觀念。辛苦經營才建立的服務網、組織體系可能就瓦解，此即「好事不出門，壞事傳千里」。

三、不要困擾上下線：

健全的傳銷體系中，不論上下線都各有其權利與義務分際，每個傳銷商應更有自發自律、謹守分際，才能使整個系統運作正常。若有人只顧私利或方便，相互推卸責任，製造困擾，甚至不顧「系統倫理」，整個傳銷網路便因而產生紊亂與動搖。

四、不要有金錢瓜葛：

直銷與傳統事業在金錢往來方面，最大不同是傳統事業常賴掛帳、賒欠、週轉、調頭寸等方式支撐下去。但在傳銷事業中這些都禁止，不論上下線金錢往來或進貨、銷

✤工作是通往學問的正路。

—西洋諺語

售，一定是現金交易，這是「行規」。因為不論上下線都很難隨時準備大筆資金，去應付大家的「掛帳」。

五、不要有不正常的男女關係：

傳銷事業以家庭基礎（雙鶴與安麗公司都強調夫妻檔），主張夫妻必須共同投入傳銷事業，才能相輔相承。故夫妻間要有高尚情操，上下線間要有純淨無邪的友誼，涇渭分明的倫理觀念，才能隨時讓自己的另一半，跟上下線出外推荐，直到東方既白，而了無芥蒂。

每日七事

這個「每日七事」是雙鶴直銷事業的特色，是直銷商每日要做的七件事，即看書、聽錄音帶、使用產品、零售、參加集會、與上線聯絡、展示計畫。

一、看書：

雙鶴事業理念上並不培養推銷員，而是培育能夠經

✿當人們從事工作時最能感到滿足，因為他們在工作的日子裡，心靈充滿了愉快，雖然已工作了整整一天，晚上也會過得挺快活。

—美·富蘭克林

營、管理龐大傳銷網的企業家。因此必須每日自我提昇，閱讀有關管理、病理、領導及勵志等方面書籍。

二、聽錄音帶：

公司發行有關產品知識、傳銷技巧、正確觀念、成功者心路歷程等錄音帶，應利用開車，用餐或睡前聽，以擷取寶貴知識。

三、使用產品：

傳銷產品的特質，必定要自己先使用（對產品產生信心），獲得益處後再與人分享，若不如此，產品很難推出，再者，若自己不先使用，就要別人用，也是不負責、不誠實的作法。

四、零售：

透過零售，培養與人分享產品的習慣，利人且利己，更是責任感與使命感的體現，更為自己播下成功的種子。何況沒有零售，即形同老鼠會。

經營大志典

✿沒有任何行為能像重視工作一樣使人認清現實，因為工作至少可以在社會的現實中，提供人一個安全的保障。

—奧·佛洛伊德

五、參加集會：

各種集會（如上節）是教育訓練主體，傳銷商都應踴躍參加，才能不斷得到成長。時常參加集會，更能激勵衝勁，恆常保持主動、積極的心態。

六、與上線聯絡：

上線是疑惑的解答者，意志消沉時的充電廠，應將上線視為良師益友，經常連繫。往往上線一席話，使疑惑者心境澄明，豁然開朗。

七、展示計畫：

指推荐、零售、服務的整體工作，徒有目標而無計畫執行也是枉然，所以計畫是不斷的，執行也是不斷的，日日辛勤耕耘，才有絢爛的明天。

六大綱要

雙鶴直銷商的集會中，每會必講的重要課程是「六大

✠工作是愈做愈有樂趣的一件事。肯忍耐、排除困難且努力以赴者，必發現工作之樂無窮。

一日・松下幸之助

綱要」(每日七事與五大原則均包括在內),特別簡介如下。

一、要講傳銷事業的潛力:

傳銷在國外稱「倍增市場學」,可節省不必要的層層管銷費及廣告費,是未來行銷策略的主流。就在一九九〇年代內會有百分之六十五的百貨業及服務業,是經由傳銷管道把產品送到消費者手上,如今已經被証實。

二、從事該項傳銷事業原因(指雙鶴):

原因有優良的產品、健全的公司、強大的系統、人人可以成功、濟世救人與實現理想。

三、如何開始進行雙鶴事業:

㈠創業資料內容要看清楚。

㈡自己以身作則先使用產品。

㈢簡單零售──分享產品,創造利潤。

㈣列名冊,勿存己見。

㈤設立集會,儘量先辦家庭式集會。

經營大志典

✿工作是生命中,最好的不老仙丹,最忙的人也就是快樂的人,唯有辛勤不懈的工作,才能在任何藝術與專業中臻致出類拔萃。

─英・馬丁

㈥邀請的藝術，注意技巧與方法。

㈦參加集會，每會必到，每會帶人參加。

四、每日七件事（同前）。

五、五大原則（同前）。

六、成功＝99％心態＋1％技巧。

㈠100％複製──成功的捷徑，謙虛的學習。

㈡單一思想──集中力量盯住目標。

㈢堅持到底──挫折為平常，成功乃是累積挫折而成，保持積極心態。

夫妻同心──夫妻是傳銷事業必然的合夥人

在傳銷事業（特指安麗和雙鶴公司）中，特別重視「夫妻檔」，視夫妻為必然的合夥關係。其原因為夫妻是家庭組成的靈魂人物，家庭是事業的基礎，兩人共同參與易於達到目標。若夫妻有一方參與傳銷，一方存疑或杯葛，傳銷

✿工作的喜悅，是人生最快樂的事，也是最根本的喜悅。

──日・松下幸之助

事業的成功率不大。故在雙鶴公司，對直銷商的夫人所要扮演角色，有成文規定。

一、積極聯絡上下線，安排會議時間與行程。

二、參與集會，做筆記，收集資料。

三、整理帳務，業績獎金記錄、發放。

四、與先生搭配，做完整的時間管理。

五、做簡單零售及一對一。

六、每月劃出完整體系圖供先生參用。

經營大志典

✿每一種工作都包含著無窮的樂趣，只是我們未能把它發現出來而已。

—法·盧梭

第四章

如何成為卓越的傳銷商？

　　邁向鑽石，成為一位卓越的直銷商，是所有從事傳銷事業夥伴的美夢。但美夢的實現，必然有其觀念、方法與技術，加上一些特有的能力與智慧。這些包括歸零學習、銷售、推荐、服務與分享、兼職到全職、複製、建立組織網並成為大使級直銷商。

　　想要成為一個卓越的傳銷商，自成一方面之領袖人物，當然不是隨便說說就能得到，本章各節所論的內容，都是傳銷事業中重要的東西，不僅要「知」之深廣，且要「行」之有恒；不僅口到，且要心到、手到、脚到，則成為卓越的傳銷商，當在預期之內。

*4-1*合適的觀念——從「歸零學習」開始

「觀念」，沒有所謂對不對或正不正確的問題，而在合不合適。例如說要當軍人，要建立屬於軍人的觀念；要當老師，要有適合於老師的觀念。

要做直銷，就不能預設立場，「我可能不行」、「他對產品可能很難接受」，心不能「歸零」是許多直銷商半途而廢，「升堂而未入堂」的主因。「歸零學習」是成為一位優秀直銷商的起點，如果能放下身段，把心歸零，重新學習，那麼心存虔敬，「成功」自會翩然駕臨。

甚麼是適合直銷的觀念，讓我們從「歸零學習」開始吧！

經營大志典

✽工作若是快樂的，那麼人生就是樂園！工作若是義務，那麼人生就是地獄。

——俄·高爾基

從必要的心理建設開始

傳銷因受老鼠會之害，初期許多新人想要加入直銷，可能受到一些誤解，還沒開始就被「潑一盆冷水」，火種尚未燃起就熄了，實在可惜。所以第一步須要的心理建設是「五心」體認。

一、雄心：想要做大事，或想要把事情做的很成功，總要有些「雄心壯志」，才能異於常人，事業才能愈做愈大。

二、信心：包含對自己選擇的公司有信心，對產品有信心，對上下線有信心，對自己的能力有信心，對人生更有信心。

三、愛心：直銷是一種傳播愛心的行業，要有基督傳福音那種愛心，愛你的上下線，愛你的顧客，愛周遭的每個人。

四、耐心：直銷會面臨許多意想不到的挫折，被拒絕、

經營大志典

✤職業並非為謀求生活的方便，而是為生活的目的。工作就是人生的價值、人生的歡樂，也是幸福的所在。

一法・羅丹

被潑冷水，最親近的人視你「不務正業」，自尊心受損等。這些是邁向成功之路的障礙，不僅須要超越，耐心去調整是很重要的。

五、恆心：「天下沒有白吃的午餐」、「先耕耘才有收穫」，前面的四種心（雄心、信心、愛心、耐心），必須加上恆心，才能成就，否則只有五分鐘的愛心並非真有愛心，同理只有五分鐘的雄心也不是什麼雄心壯志。

有了這「五心」的心理建設，有了心理準備，便能放心的投入直銷事業。

改變心態的三步驟

有了心理建設在心理上有「五心」認知，並有實踐力行的決心及行為，接著成為一個某公司的正式直銷商，就要開始「上路」了。在投入直銷的初期，最重要的是邊做邊調整自己心態，這也是歸零學習的起點，可區分成三個

經營大志典

❀如果工作是一種樂趣，人生就是天堂！

—德·歌德《書簡集》

步驟：

一、使用產品，參加教育訓練，瞭解制度：

使用產品一方面表示信心與責任外，也是瞭解產品優缺點的不二法門，銷售並非靠口才，而是對產品徹底的瞭解，更因瞭解而使信心倍增。參加各項集會，就是一種教育訓練，有關直銷的產品銷售、推荐、服務等各種技術方法，都在教育訓練中權成。公司制度（特指佣金、利潤、業績計算、昇遷等），一定要很清楚，才能對客戶們解說、宣傳，愈是清楚，愈有信心。

二、使用徽章，激勵士氣，建立認同感：

在傳銷事業裡，每家公司都有自訂的徽章識別，甚至同一公司的不同體系也有不同徽章識別(如安麗的梅花和全皇體系)，這些識別表現在領帶、領夾、名片、徽章，甚至衣服上。使用識別記號，表示一種團體認同感、榮譽感，心態上也有了歸屬，從此不是個人奮鬥，而是整個團體的

✤工作為成功與快樂之秘訣。

—美・愛迪生

共同奮鬥。

三、改變自己，與人交往，建立人際關係：

傳銷事業基本上是一種與人交往，發展人際關係的事業。因此必須從自己的改變開始，這個改變就是「形象」，從不重視服儀、禮節，變成穿西裝、打領帶，動作優雅，給人一種「專業形象，可以信賴」的感覺。這種形象的改變、建立很重要，親朋好友很快會警覺到，是甚麼力量把你改變了，與人交往的路便打開一扇門。

中國人的人際關係是建立在「情緣」之上，「情」是指人情，見面三分情；「緣」是指血緣、姻緣、地緣、人緣，有了這些情緣，善加珍惜、開拓，人際關係網的建立顯得自然而容易。

培養傳銷人特質

傳銷除了零售產品外，更重要的是建立強大傳銷網，

經營大志典

✿即使原先沒有賣命的意圖，也會因為有趣、樂意，工作起來如同賣命般地有勁。

一日・松下幸之助

成為一個體系的領導人。因此從初期直銷商，到中階層領導人，到高級的系統領導人，各階段有不同特質要培養，這是心態歸零後，必須逐次培養出來的。

一、初期直銷商的特質：賣商品為主，推荐人為次，如何說服他人購買商品呢？

㈠親和力：對顧客、上下線，對所有人。

㈡旺盛的企圖心：一定要成功的決心。

㈢按步就班的規劃力：一步步來，急不得。

㈣執行力：絕不能光說不練。

㈤毅志力：屢敗屢戰。

二、中階層組織人的特質：建立組織為主，銷售商品為次，這些特質有：

㈠領導統禦能力。

㈡組織規劃能力。

㈢熟悉教育訓練方法。

經營大志典

✤工作就是我的生活。不能工作，也就無法生活了。

—俄·果戈理

㈣解決難題的智慧。

㈤廣大包容的慈悲心。

三、高級傳銷系統領導人的特質：高級領導人的風範、氣質，對直銷商而言是心中追求的目標，永遠列為學習的對象，這些特質是：

㈠高瞻遠矚的洞察力。

㈡有大格局的心胸。

㈢勇於開創新局的膽識。

㈣不斷接受新知的能力。

㈤接受批評的肚量。

以上不論「五心」心理建設，心態調整，特質培養，都要從「歸零學習」開始，心若不歸零，合適的直銷觀念裝不進去。如同一杯水，倒光了水，才能再注入新的水。

經營大志典

✿我活著，就是因為我永遠希望著怎樣才能再做些工作。
　　　　　　　　　　　　　　　　—俄・奧斯特洛夫斯基

*4-2*成功的零售方法

在傳銷事業裡有一個成功公式，即零售、推荐、服務三部曲，三個詞的英文都是Ｓ，所以又叫「三Ｓ」成功法則：

S(Sale)＋S(Sponsor)＋S(Service)＝S(Success)

這是一個重要的成功法則，三件事是一個完整的整體，做的愈完美，愈能得到最大的成功，可以說「合則成，分則敗」。現在把這三件事區分三節說明之，首先從零售講起。

零售，就是把產品賣到消費者手中，在傳銷事業若無零售（或銷售）行為，就成了「老鼠會」，可見零售行為的重要性。

✤工作對於人來說是一種享受。

—古希臘·伊索

商品銷售的準備工作

到了這個階段，您應已具備產品知識，並能掌握產品的優缺點及特質。商品銷售的準備工作包含開發潛在新客戶、接洽顧客對象、預先準備相關示範材料及產品示範等四個步驟。

一、開發潛在新顧客：

「潛在客戶」就是所有你的親朋好友及認識的人，以及可以間接認識的人。但是人上一百，形形色色，如何讓人對你提出的產品有「認同感」，或至少不產生抗拒感，這就是「應對的藝術」。簡單把「人」區分若干類型，分別有不同對應原則。

對自命不凡的人，多恭維他，迎合其自尊心。

對脾氣暴躁的人，保持輕鬆，以不卑不亢感動他。

對猶疑不決的人，誘導他，幫他下決定。

經營大志典

❀工作是我首要的享受。

—奧·莫札特

對小心謹慎的人，多用證據或名人專家的背書。

對八面玲瓏的人，讓他覺得你也很了不起。

對深藏不露的人，解說產品要「細」，成功機會大。

對節儉樸實的人，分批介紹產品，分批零售。

此不過例舉，潛在顧客其實是無窮的，但須要不斷去開發出來。假如顧客尚未形成一個特定「對象」，則產品便永無出手之機會，所以準備的第一步是要把「對象」開發出來，明確化，並對「對象」的特質進行瞭解。

二、接洽顧客對象：

對象確定以後，接著是接洽或邀約的問題，有的傳銷公司在教育直銷商時，主張未見面時先不說明來意，這是錯誤的方法，至少有欺騙之嫌。與顧客約定見面，以先說明來意較宜，若很熟的朋友，可直接把產品帶去；若不太熟，可先討論對傳銷或產品的看法。

若對方沒興趣或沒有成交，也不急於一時，先建立基

經營大志典

✿全心全意去熱愛你的工作，不要去斤斤計較你的業績。

—俄・馬可夫斯基

本資料，他日待機再起。但雙方經過第一次接觸應留下好印象。所謂「好印象」有三要素：

㈠互信程度提高。

㈡雙方交情有進一步。

㈢雙方溝通或相處的過程，感覺很好。

三、預先準備相關示範資料與器材：

當你開始接洽或邀約的同時，就必須著手準備產品示範所需的產品、器材、書面資料或廣告文宣等，檢查是否攜帶齊備，講解示範過程的安排。對於示範當中可能面對的問題，最好先有腹案，如此才能在閒話家常中從容示範，輕鬆的把產品推出。

四、產品示範：

假定，你已到顧客的家中，一陣閒話家常後，接下來就把帶的資料、產品陳列在桌上，訂貨單也可以先打開放在顧客前面。一次好的產品示範應注意：

經營大志典

✤任何一項工作都比安逸更令人愉快。

—古希臘・德謨克利特

㈠時間不要久拖，以一小時為宜。

㈡輕鬆自然，有幽默感，有親和力。

㈢依產品示範的卽訂程序進行效果較佳。

產品示範的四個階段

一次成功的產品示範，依四個階段進行，最好的結果是在示範結束後，馬上獲取訂單，這完全靠示範四階段如何營造氣氛。

第一階段：贏取注意

把促成生意成交，第一句話是吸引顧客注意，用比較不同凡響、有吸引力的字眼來引起顧客注意。例如開頭就問：「有一種產品，俗個大碗，安全又有效，您知道是甚麼嗎？」現在請看這項產品，示範給你看。

你可以反問自己，如果自己是顧客，哪些語調、用詞最能使你動心？相信不難掌握顧客心理。

經營大志典

✱習慣了的工作會變成一種快樂。

—英・布利澤茲

第二階段：激發興趣

顧客願意持續聆聽你的解說，表示已贏取注意。接著可以引用一些事實、統計數字、消費心得來做見證，例如你說：「用這套安麗金鍋組，一次可以把一餐的菜全部做好！」

記住，使顧客覺得「要」某項商品固然是好，但若能使他覺得是「必需品」更好，因此激發興趣，其實是激發他內心的「需要」。進而使他相信你的產品，比其他競爭品牌更加優越。

第三階段：購買意願

產品示範到這裡，讓顧客瞭解到產品的實用、優點及附加價值。不妨在效能、使用、安全性、觸覺、嗅覺等多面加以強調。通常「眼見為證」，若能讓顧客親眼見到產品的好處，就能激發顧客的購買意願。

第四階段：獲取訂單

經營大志典

❀我一生最大的興趣，惟有從工作中獲得。

—英・格萊斯頓

生意是否成交？就看這階段。不妨多觀察顧客的「肢體語言」，他是否邊點頭、邊微笑呢？言辭中是否透露購買意願呢？坐姿是否前傾並注意解說呢？這些都是購買意願，千萬不要猶疑。

就顧客而言，他希望是在「買東西」，而不是在「被推銷東西」直銷商只是明確、堅定地回答問題，生意就易於成交。以下幾點有助於銷售行為的完成：

㈠指出本產品與其他品牌的差異。

㈡告訴顧客現在是最好購買時機。

㈢提供品質保證，不滿退款。

㈣強調售後服務，公司信用，專家指導。

㈤幫助顧客做購買的決定。

一切的行銷，都是從零售開始的，零售也是傳銷事業所有利潤和獎金主要來源。做產品示範之目的，是要達成零售交易，這也是傳銷事業很特別的行銷方法，開發潛在

經營大志典

✿有益的工作，其本身便是樂趣，並不是從那裏獲得利益才是樂趣。

顧客，尋找對象，準備與示範，每一步都是關係到成交的
可能性，必須用心、用情來規劃。

經營大志典

✤唯有工作和創作之樂，才會使生命充滿趣味。

—日·森鷗外

*4-3*成功的推荐方法

　　傳銷事業要做的好，要把事業建立在幫助別人之上，讓別人也有成功的事業。這就有賴積極的「推荐」，把直銷計畫介紹給他人，並協助他們達成目標，同時您的事業也才能不斷擴大，推荐的人愈多，銷售業績才會愈高。但推荐有一定之方法與程序，絕非「拉人頭」算數，推荐若止於拉人頭，便淪為老鼠會，是非法的行為。

推荐的第一步——列名單與排順序

一、列名單：

　　真正的推荐工作，從「列名單」開始，把所有親朋好友，不論是否接受，均不「預設立場」，全部逐一有系統的列出來。左列是參考方式：

　❀人生真正的幸福，就是能自動培養工作興趣而且愉快地工作。

　　　　　　　　　　　　　　　　　　一日・松下幸之助

㈠血親方面：從最尊親屬列到最卑親屬，如祖父母及外祖父母與其親屬、兄弟姊妹、叔伯、姨媽、姑媽，及由他們發展出（你也認識）的親戚。

㈡姻親方面：岳父母、妻之兄弟姊妹、妻之祖父母與其親戚。

㈢同學方面：從小學到最高學歷的同學，老師、學生，太太方面之同學，交情好的先列出來。

㈣朋友方面：如軍中同事、社團隊友、鄰居、學校同事、教會志工等。

二、排順序：

名單列出來後，要排順序，優先進行拜訪，須用選擇法，而非淘汰法。排順序時最好請上線指導，借用上線的經驗是明智之舉，一般的排列方法為：

㈠先找出對你的產品最合適的人，列第一優先。如美容保養品，女仕優先；健康器材，長者優先。

經營大志典

✿一個人如果任何事都不做，在我來說就等於死。……因為只有做事我才覺得快樂。

—日・森鷗外

㈡對傳銷有認識的人，列於次。

㈢交情最好，支持度最高的朋友，再列於次。

㈣想改行、想兼職、想創業的朋友再次。

㈤經濟上有壓力的人——想賺錢，再次。

㈥雖有點「小錢」，但仍想賺錢、想投資的人，投入直銷機會也很大。

㈦剛當完兵、甫出校門、閒在家中、剛剛失業的人，若給他機會，通常幹勁十足。

推荐的第二步——訪談的方法

經過列名單與排順序之後，接著要見面訪談。先挑出順序大約前十名，為「第一波訪問對象」，誰可能成為產品的消費者？誰可能成為傳銷伙伴？誰可能成為發展組織高手？都要完成計畫及記錄。訪談方法也是一門「用情」藝術，應注意下列各點。

經營大志典

✿沒有工作而休息，就好像沒有食慾而吃飯一樣，不會有快樂，因為最佳、最舒適、報酬最多而且最廉價的娛樂，便是工作。

——瑞士・德爾提

一、打電話預約見面時間，會面時間以一小時為宜，根據經驗顯示，見面說明比電話上聊效果更好，也更令人信服。

二、邀約不論是「一對一」的訪談，或邀請來聆聽創業說明會，都要把目的表達清楚，誠實回答所有問題，避免任何欺騙之疑惑。

三、場地要避免干擾，在自己家中比較容易控制氣氛，在推荐對象的家中會讓他感到自然些，儘量少在辦公室談，會受到較多干擾。

四、現身說法做見證最有效。以自己為例子，告訴對方如何加入傳銷行列，傳銷的價值與意義。同時鼓勵對方開創未來，實現心中的目標。

五、回答問題並保持聯絡。儘可能回答所有問題，若不能當場回答，應經諮詢後儘早回答，離開前應留下相關說明資料。繼續保持聯絡是很重要的，往往在第二次，甚

經營大志典

✤工作之苦是真正的快樂。

—古羅馬・瑪尼留斯

至第三次會面才有好的效果。

對所推荐的人進行教育訓練

訪談有了成果，推荐對象成為你的下線直銷商，對一個新直銷商應儘早實施教育訓練工作，切忌讓他單獨去闖，不久就會成為「死線」。新直銷商最須要的就是教育訓練，包括有：

一、輔導他參加各項集會，集會是教育訓練主體。

二、零售訓練。包含產品展示、經驗介紹、角色扮演，注意零售訓練不光是把產品賣出，包含直銷商個人穿著、禮節、談吐和售後服務。

三、推荐訓練。把你這套推荐法則完全複製給他，讓他也去發掘新人、邀約和制度說明。

零售顧客與推荐對象基本資料建立

經營大志典

除了人類之外，其他的動物都了解生存最重要的工作，就是尋找快樂。

—英・約翰生

　　本節雖然討論推荐，但推荐與零售常是並行的，同時推動，見機行事。是故，經過列名單、排順序、訪談之後，可能存在各種不同對象（包含零售顧客、推荐對象），這時候必須有系統的建立起各類型對象的基本資料，至少應包括下列內容：

　　傳銷理念如何？經濟狀況如何？

　　年齡、學經歷、現職狀況、所在公司行號。

　　興趣、個性、企圖心（指事業上）。

　　家庭狀況、成員數量、社交活動力如何？

　　對那些產品有需求？

　　他本身的影響力有多大？

　　他在他的朋友、族群中的地位如何？

　　為何要有系統的建立這些資料？勿論理論或實務，「商場如戰場」大家都有共識，知己知彼的工夫是需要的，每一次「一對一」零售面談或推荐，都是一次戰役。建立

經營大志典

❀在一天當中，我不知何種工作最為辛苦，因為不論做任何事情，我都其樂融融。

—美・愛迪生

資料是「知彼」的工夫，但也為了達成以下效果（目的），必須更詳細建立各類型對象的基本資料。

一、誰是零售顧客？誰可以推荐成為下線？有些已經明確，有些還要再接觸觀察。

二、零售顧客是否可能成為直銷商？應相機輔導。

三、以其經濟現況，可能接受何種產品？高價位？低價位？長期顧客或短期顧客？

四、他的現職狀況是否滿意？有無轉業、兼職的企圖心？或想增加收入嗎？推荐的可能性。

五、以他的影響力及族群中的地位，如果成為直銷商或單純消費者，可能創造多少業績？

六、方便進行教育訓練，尤其針對不同類型與需要，因材施教。需要聽OPP的、需要學零售方法的、需要學訪問技巧的，都讓他們去參加不同的教育訓練集會。

經營大志典

❉只要改變看法，任何事情都會覺得趣味無窮。我們每天有一半時間都在工作，如果你對任何事情都興趣缺缺，那麼人生是何等乏味。

—德・尼采

4-4服務與分享理念的實踐

在現代各行各業中，最重要的商業活動可以概括的說，就是「服務」，甚至以服務為主要商品或附帶商品。分享是和別人共同享用好的東西或某種利益，把分享之理念用在行銷方面不過是近數年來的事。但在傳銷界，服務和分享是兩個很重要的理念，重要性和特殊性均大於其他行業，所以做傳銷事業，想要成為優良直銷商，服務和分享不能光止於「理念認識」，必須在行為上廣為實踐，成為傳銷網的一部份，才是邁向成功之路。

服務與分享的基本理念

一、傳銷事業的服務理念：傳統事業也強調「服務」，如大同公司「打電話服務就來」，花旗信用卡「二十四小時

經營大志典

✤不論是工作、或是會議，若能採一種非常的衷的態度來面對，在不知不覺中自己也會對事情熱衷起來的。

—法・雨果

全球服務」，都是透過服務策略奠定市場上的地位。傳銷事業就是「建立人際關係」的事業，所以直銷商的服務工作比傳統事業更重要。

所謂「重要」，是指拉近與顧客的距離，面對面去建立更多的情份。我們可以說傳統事業的服務比較欠缺那份「情」，而做直銷的服務工作却多了那份「情」。傳統的服務工作說「買賣不成仁義在」，但直銷商應說「買賣不成情份在」。對直銷商而言，人際關係比佣金重要，服務是促進人際關係最動人的方式。

二、傳銷事業的分享理念：「分享」是把好東西與別人共享用，這是一種「心態」或「意願」的問題。但在從事傳銷事業的初期，總會有些理念上的「掙扎」——到底是與朋友分享呢？還是為了賺朋友的錢？

這種心態的調整須要時間，並有正確的思考。可以說「友情的存在，才向他推荐傳銷機會。」若沒有這份友情

✤忠於職守是真正的忠貞。

一法·雨果《笑面人》

的存在，則根本沒有機會與他分享甚麼。

　　所以對直銷商來說，分享是一種人生目標，賺錢是分享過程中得到的價值；分享愈多，價值愈多，是合理的因果關係，若倒果為因，反而賺不到錢。

　　「服務」與「分享」，在直銷界來說「同質性」很高的東西，二者相輔相成，所以說「為您服務，與您分享」。

傳銷事業「服務」與「分享」的特性

　　理論上講，服務與分享都是行銷過程中的一部份，等於是一種「無形產品」，對傳銷事業而言，服務與分享有其特有的特性。

一、「讓無形彰顯在顧客面前」：

　　服務和分享的本身都是無形的，在顧客購買前看不到，無法查覺。直銷商提供服務，或與別人分享他的好東西時，必須把這種「無形」的感覺，「呈現」出來，讓每個

經營大志典

❀工作與愛征服一切。

—西洋諺語

對象真實地感受到你的服務與分享。可運用的方法如場地佈置、個人穿著、專業工具的採用、宣傳資料分發，都能使無形「彰顯」成有形的感受。

二、服務與分享是生產與消費同時進行：

有形產品必須經由製造、儲存、運送、銷售，最後才得以消費的程序。但服務與分享，則是提供者同時也是消費者，也就是說生產與消費同時進行的。特別是做直銷，不論是推荐或零售，都講求「面對面」的臨場感，這時候直銷商與顧客之間的互動關係，正是服務與分享可以發揮之處。

三、服務與分享的不確定性：

這兩種「無形產品」所以會有不確定性，乃是由人所製造或提供，特別是直銷商個人所提供，因此有很高的主觀性。同一傳銷公司中，不同的直銷商在不同時空，服務與分享的效果都不同。對顧客而言，感受到的分享和服務

經營大志典

❋只要你養成一種愛工作的習慣，自然會產生許多好成績，做為你愛工作的報酬。

—李石岑

也是不確定性的。

直銷商要減低這種不確定性，勿論對象誰服務品質都要提高，分享的心態要一致。

服務與分享的過程

服務是指零售和推荐方面，分享是指利益或是一種良好的感受，所謂好東西要與好朋友分享。但若分析服務與分享的過程，兩者是相同的，即前期、中期及後期三個階段，分析如下。

一、前期服務與分享：

在這個階段中，零售與推荐工作可能都只是一種潛在的，這時候幫助潛在顧客選擇產品，告知產品來源、功能、優點；告知一種優良的傳銷機會。本階段的對象都是親友，多利用機會去接觸，分享你的成功、經驗，多散播你的喜悅，讓朋友們感受到傳銷之利益與前景。當然，最重

經營大志典

✤不帶愛心的工作都是空的。

—西洋諺語

要是引導大家對傳銷發生興趣。

二、中期服務與分享：

在這個階段中，經過前期經營後，也許有了成績。例如有的同意開始成為你的消費者，有的決心成為你的直銷商，有的可能只同意去聽OPP。對於單純是消費者，應用心指導產品的使用，回答顧客的疑惑，建立顧客資料（包含購買產品日期，用以判斷用完時間）。對有意成為直銷商的人，主動為他辦理各種登記資料，提供相關入門文宣，把當初自己投入直銷的心情、情境、經營方法，與他分享。在本階段的各種對象，基本上是存疑與脆弱的，經不起打擊的。

所以，本階段的服務頻率要增加，服務品質要佳。分享要產品共鳴（注意，分享若不產生共鳴效果不佳），對象的「存活率」才會提高。

三、後期服務與分享：

經營大志典

✿我是因為對工作有興趣才工作的。

　　本階段最重要是售後服務，目前各行各業不論傳統事業或直銷界，都在售後服務方面全力以拚，力圖鞏固市場。所以本階段服務與分享效果的好壞，直接影響永續經營，以下各點不僅是理念上的認知，也必須在行為層次上力求實踐。

　　㈠每個對象（消費者、下線、潛在顧客）都在計畫表上，定期保持聯絡，請安問候，尋找可以栽培或可以成為顧客的對象。

　　㈡公司的定期文宣資料、定期集會時間表應隨時分發，藉機闡揚直銷理念，分享成功經驗。

　　㈢售後服務是本階段重點，代表你能履行推荐時的諾言，且能維護良好商譽，多少也代表你的人格可靠，所以關心顧客使用產品之後的滿意程度非常重要。針對不滿意之處去改進，滿意的要持續。

　　㈣本階段的服務與分享仍儘可能保持「面對面」接觸

經營大志典

❀忠於職守是一個好公民應盡的義務，每個人應該要懂得犧牲個人內心的愛好。

—法・雨果《笑面人》

為上策，電話連絡為中策。當你在大熱天或寒風刺骨的嚴冬，仍能提供親身服務，分享喜悅。這種效果決非零售店或超級市場職員冷淡的表情所能比較。

顧客永遠不會感到完全滿足，溝通管道也可能影響分享效果，也許「落花有意，流水無情」，你的服務與分享對方未必接受。凡此有高潮、低潮，有挫折，有失敗，都應以「平常心」看待，直銷商應有「博愛」心態。

經營大志典

✤你最好把你的一切知識或天分當作扶助別人的工具。

—俄・托爾斯泰

*4-5*如何「複製」？

「複製」是直銷界非常重要的理念，如果沒有正確的複製觀念及作法，那麼一個直銷商就永遠停留在零售員的階段，沒有突破開創大格局的機會。頂多賺一些零用錢花花而已，賺大錢的機會「接近零」，可見複製對傳銷事業的重要。這裡要深入剖析複製帶來的效果、範圍、功能、方法，希望對做直銷的朋友能產生「立即」效應。

複製的範圍

把好主意、好方法不斷重覆去做，這就是「複製」最簡單的定義，基本上是一種「化繁為簡」的工夫。把直銷的好主意、好方法簡化成某些原則或公式，不斷複製下去，對一個直銷商而言，須要複製的範圍如下。

經營大志典

❀百事之成也，必在敬之。其敗也，必在慢之。

—戰國·荀況

　　一、各種集會的召開進行。直銷商不僅要參加各種集會，而且要主持各種集會。最重要的有三種，即ＯＰＰ（創業說明會）、一對一說明會、產品展示會。以ＯＰＰ為例，應從會議準備、進行、講解，以最簡潔的方式複製下來，使自己主持也能如行雲流水，吸引所有觀眾，把會議流程固定是很重要的複製原則。

　　二、推荐方法的複製。包含列名單、排順序、邀約與訪問，都有特定步驟和技巧，流程加以簡化、固定後，重複不斷去執行，從執行中找缺點改進。

　　三、零售方法的複製。包含銷售準備、潛在顧客開發、產品示範（包括產品示範四大階段：贏取注意、激發興趣、購買意願、獲取訂單）。

　　四、服務與分享的正確做法。包括基本理念建立，服務和分享的過程，如何做售後服務等。

　　直銷商要複製的範圍很廣，除集會、推荐、零售、服

經營大志典

✤人當敬業，並且努力保有它，要求別人也尊敬它。
　　　　　　　　　　　　　　　　　　　　　　　　—英・狄更斯

務外，舉凡好的理念，成功的方法，可以達成促銷的技術，都可以複製下來，不僅自己可以用，也可以讓自己的下線複製。

複製的方法

傳銷是化繁為簡的組織事業，最簡便的複製方法就是跟緊上線。曾任永久公司藍鑽石經理的曾立平是複製高手，他把複製的方法用十個字表示，「**聽看問用記、列邀跟帶說**」。前五字「**聽看問用記**」，是建立複製基本理念的方法，屬內在的思考與作法。後五字「列邀跟帶說」是複製方法，可不斷單複地做。

列——列名單。

邀——邀請朋友參加集會。

跟——跟緊上線，跟進下線。

帶——帶動大家的心，讓大家願意跟。

經營大志典

✤對工作的熱忱，不應低於雅興，一定要全心全意地工作。

—日·松下幸之助

說──說的技巧（主持說明會、一對一、一對多）。

跟緊上線是最根本的複製方法，跟緊上線的另一個目的是給下線做榜樣，讓下線也跟進複製，如此代代複製，組織網才會堅強。

複製產生的功能

若複製要產生好的功能，必須在方法上妥為講求，複製內容也要有所篩選才能得到最佳功能，那些是複製所應產生的最佳功能呢？至少有以下各項。

一、**成功過程單一標準化**。傳銷是人的事業，但因環境、價值的複雜性，使直銷商無所適從。運用複製原則，可使人人依循共同的成功模式，簡化成功流程，自然容易邁向成功之路。

二、**運用模式規格化**。使各層次直銷商易於理解，易於學習，易於效導下線。尤其傳銷組織，少則四、五代，

✿要把做得不好的工作，更仔細、更謹慎、更有步驟地重新做起。

──俄·列寧

多則十幾代，運作模式若不能規格化，不但易於混亂，且易於「失傳」。

三、凝聚組織的共同意識。傳銷組織少的百餘人，多的如安麗公司陳婉芬的「梅花體系」，有直銷商十五萬人。如此龐大的組織，善用複製理念及方法，可凝聚團體意識，大家有共同依循的方向，成為和諧共進的團體。

四、政策易於推動執行。傳銷公司是直銷商的「大腦指揮中心」，負責政策製訂，但推動執行還是要直銷商，在複製前提下，公司的優良政策便易於傳達、執行，快速有效，不會混亂、失傳。

五、維護上、下線的倫理關係。傳銷事業是依賴建立組織，才能擴大行銷的事業，所以特別重視上、下線的倫理關係。若下線以其能力強便凌駕上線，不肯「歸零學習」，傳銷知識和經驗便很難代代相傳。所以須要複製，使代代都標準化、規格化的複製下去，與其說是維護倫理關係，

經營大志典

❋不論做任何事情，我都絕不退縮，為了要有價值的工作，必須具備三個條件：第一、勤勉，第二、努力，第三、嘗試。

—美・愛默生

不如說是為維護系統完整。

　　投入傳銷事業，做為一個直銷商，必須要懂得「複製」的運用才能節省精力與時間。不論是傳銷方面的制度、方法、技術，一定經過許多上線高手不斷實驗印證、改良，這也是知識疊積的方法「站在巨人肩上」最省力氣，所以說複製是邁向傳銷成功最近的路。

經營大志典

✿勝利者，是一個把整個靈魂和肉體致力於工作上的人。

　　　　　　　　　　　　　　　　　　　　　　　　　　　　　—英・貝克

4-6如何建立組織網？

「組織」與「個人」有一種相對觀念，任何人都知道組織整體的力量必定大於個人的力量，換言之，運用組織來賺錢必定比用個人賺的多，而且組織網愈大，營業額愈高，利潤也愈多。直銷是一種運用組織網經營的事業，誰能把組織網建立的又大又堅固，誰就是勝利者。

所以，如何建立組織是一個直銷商邁向更高層次的重要功課，一個新直銷商學會了零售、推荐、複製、服務等基本技術後，在邁向「金鑽直銷商」前，必須懂的如何建立組織網，並能做好組織管理及組織領導。

建立強大組織網的重要性

想要成為一個卓越的直銷商，這意味著你同時也是一

經營大志典

✤我最佩服的是對有意義的工作，均能赴湯蹈火在所不辭的人。不論你、我的社會地位如何，不肯出力做事的人，都很可悲。

—美・羅斯福

個大組織網的領導人。為何要建立組織網？關鍵還是在「利潤」上面。舉一簡單例子，若你以個人為單位，一個月售貨額為五千個積分點，但你若有十個下線，每人都能複製你的方法也售貨五千點，則整組就有五萬點。你不僅有零售毛利，更有業績獎金。

再舉安麗公司的獎金制度，說明組織網大收入才會高的道理，如下頁表所示：

鑽石直系直銷商：21％×3組×6個月

雙鑽石直系直銷商：21％×12組×6個月

皇冠直系直銷商：21％×18組×6個月

皇冠大使直系直銷商：21％×20組×6個月

從安麗的獎金制度可知從「直系直銷商」開始，就有百分之四的領導獎金，這表示組織網的建立是從直系直銷商開始的。當組織網達到 21％×12 組（即雙鑽石直系直銷商）時，開始有單次獎金二十萬，而皇冠大使的單次獎金是

經營大志典

❀工作的時候要興致勃勃，這一來，工作既有進展，身體也
不會疲倦。只要懂得這一點，絕不致變成神經衰弱。
　　　　　　　　　　　　　　　　　　　　　—英·威雷

獎銜	資格	月結獎金	年度獎金	單次獎金
銀獎章	● 個人小組 25 萬分 ● 21%2組 ● 21%1組+個人小組 10 萬分	業績獎金	–	–
金獎章	銀獎章×3個月(不須連續)	業績獎金	–	–
直系直銷商	銀獎章×6個月(3個月連續)	● 業績獎金 4% 領導獎金(若符合資格)	–	–
紅寶石 直系直銷商	個人小組 50 萬分	● 業績獎金 2 %紅寶石獎金 ● 4% 領導獎金(若符合資格)	–	–
明珠 直系直銷商	21%×3組	● 業績獎金 ● 1%明珠獎金 ● 4%領導獎金	–	–
翡翠 直系直銷商	21%×3組×6個月	● 業績獎金 ● 1%明珠獎金 ● 4%領導獎金	翡翠獎金	–
鑽石 直系直銷商	21%×3組×6個月 ＊21%×7組×6個月	● 業績獎金 ● 1%明珠獎金 ● 4%領導獎金	● 翡翠獎金 ● 鑽石獎金 ＊ 執行專才鑽石獎金	–
執行專才鑽石 直系直銷商	21%×9組×6個月	● 業績獎金 ● 1%明珠獎金 ● 4%領導獎金	● 翡翠獎金 ● 鑽石獎金 ＊ 執行專才鑽石獎金	–
雙鑽石 直系直銷商	21%×12組×6個月	● 業績獎金 ● 1%明珠獎金 ● 4%領導獎金	● 翡翠獎金 ● 鑽石獎金 ＊ 執行專才鑽石獎金	20 萬
參鑽石 直系直銷商	21%×15組×6個月	● 業績獎金 ● 1%明珠獎金 ● 4%領導獎金	● 翡翠獎金 ● 鑽石獎金 ＊ 執行專才鑽石獎金	40 萬
皇冠 直系直銷商	21%×18組×6個月	● 業績獎金 ● 1%明珠獎金 ● 4%領導獎金	● 翡翠獎金 ● 鑽石獎金 ＊ 執行專才鑽石獎金	80 萬
皇冠大使 直系直銷商	21%×20組×6個月	● 業績獎金 ● 1%明珠獎金 ● 4%領導獎金	● 翡翠獎金 ● 鑽石獎金 ＊ 執行專才鑽石獎金	160 萬

一百六十萬。所以說建立強大組織網的重要性，首先來自
「高額利潤」。

建立組織網之所以重要，「借組織力量達到成功」是第
二個原因，這是一個組織的時代，也是一個運用組織的時
代。用個人力量去打拚，不去運用組織網，想在傳銷界成
功根本沒有機會。而所謂「成功」，在傳銷界就是你能成為
一個組織網的領導人，有相當高的業績。

建立組織網之所以重要，「組織網就是人際關係事業，
或說是人脈事業」，這是第三個原因。所有的人際關係
──包括親朋好友、同學、同事，及他們的延伸，都是納
入組織網的對象，如果組織網是「硬體」，則人際關係的情
分就是「軟體」。

建立組織網的方法

對初入傳銷界的直銷商，也許僅做一些零售工作，但

經營大志典

✤沒有工作熱忱，不論到天涯海角，都無法出人頭地。

當他開始推荐、吸收新成員，並有若干人成為他的下線時，就要開始考慮建立組織網的方法。

第一、前面提到的「列名單、排順序、訪談」是持續不斷的工作，這些都是組織網的「觸角」。

第二、「培養寬度、追求深度」：前者是培養新人入會，成為直銷商的第一代下線；後者是教導下線如何培養他的下線。以安麗公司為例，組織寬度以「明珠直系直銷商」較少為三組，「皇冠大使」最寬是二十組（參閱前表），可見「寬度」有限，太寬會造成管理和領導上的困難。但深度則不受限制，愈深愈好。

第三、「利用上線，鼓勵下線」：在傳銷界，上線都是心甘情願被下線利用，所以運用「複製」把上線的好方法，再讓下線複製下去，堅固的組織網才得以維持，以利組織管理。

經營大志典

❦先職業後逸樂。

—英・迪斯雷利

建立組織網唯一目的——組織銷售

組織網雖然建立，但若只有「人」，沒有產品銷售，或銷售量極少，就會淪為非法的老鼠會，所以建立組織網的唯一目的，就是「組織銷售」。透過整個組織的寬度與深度，來完成產品銷售行為，才是增大銷售量的最佳途徑。但組織銷售有五大原則是要把握的。

一、建立各項集會制度，做好教育訓練，使組織成員具備「複製」能力，充份掌握產品知識。

二、維持組織的動力，須要高昂的熱忱。成員必須在滿懷熱忱的時候，才能化理念認知為實踐行為。

三、零售是組織銷售的基礎，故成員必須精進零售技術，瞭解顧客消費心理。

四、維持良好的人際關係。如何將商品及組織銷售的優點，適度傳達給別人，並能得到好感或肯定。

經營大志典

✽堅信自己的職業要比其他任何職業都重要，不然，他就無法堅持這個職業。

—德·尼采《人性·太人性》

五、組織銷售的「順序」是從最接近的人開始，如兄弟、情人、好友，再逐漸擴張，記住！「消極思想、自尊心」是組織銷售的兩大「內敵」，儘早摒棄。

組織管理的必要性

組織網成型，不論大小必須有適當之管理，以確保組織的統一完整、紀律、秩序、公正及團隊精神之發揮，尤其可以確保組織體不斷隨環境變遷而改進體質，是永續經營的基礎。以下是組織管理的重點。

一、制度：這裡所說的「制度」，乃除傳銷公司制度以外，由直銷商自己所建立的組織網制度而言，所以不成文制度多於成文者。舉凡集會、推荐、商品零售、複製方法、直銷商商德約法及進退貨，都應形成共同的「遊戲規則」，並儘可能成為一種組織內制度。

二、發展：組織不能是一成不變的，不斷加入新成員、

✤不論從事何種職業，走向成功的第一步就是對此職業感到興趣。

——英·迪斯雷利

增強競爭、設定目標、積極活動，直銷商個人與組織團體間也不斷調整新的定位，配合環境變遷而持續發展成更大的組織網。

三、管理與教育互為表裡。有了組織就有管理上的問題，管理的對象是人，因此人性化管理是重要的特質。傳銷所用的複製、跟進、培養下線、督促，都不能欠缺人性化的管理，以管理為外，以教育為內，相互為用。

組織領導的做法

任何組織須有領導人，而且只能有一個領導人。例如安麗的「梅花」體系領導人是陳婉芬，是個有十五萬直銷商的組織網。「丐幫」系統領導人是許旭昇，是擁有十萬直銷商的組織網。研究這些領導人的領導方法，他們是如何建立大組織網呢？又如何領導呢？

陳婉芬的模式是：專業知識佔二十％，觀念四十％，

✿現代人最大的缺點，是對自己的職業缺乏愛心。

一法・羅丹

人際關係四十％，更強調「知識不如做事，做事不如做人。」

許旭昇的模式是複製，並簡化成「習慣進行曲」，第一步是讓所有人喜歡你、親近你；第二步重覆參加集會、重覆做產品示範、重覆介紹制度及隨時配合上線。

他們的模式已經不止是組織領導，而是做傳銷業的成功模式。我們傳銷事業的直銷商們所要複製的，就是這種珍貴的「經典」模式。但單從領導觀點來剖析傳銷組織的做法，與各行各業（如軍隊領導、傳統事業領導），還是有特別的做法，殊值注意。

一、上線要以身做則。特別是系統的領導人，一定要以身做則才能帶動下線，舉凡營業守則、各種集會，都要親自做到，才能要求下線複製。

二、領導的基礎。來自個人能力（包含產品知識能力、現代領導與溝通能力、狀況判斷與分析能力、處理及解決問題能力、人際關係能力），這些才是須要精進培養的「本職學

經營大志典

❀把我們在職業上所費的心力，看做對己對人都有相當的利益，這是從事職業者應有的信仰。

—章錫琛

能」。

　　三、領導的目的──跟我來。如何才能讓大家「跟我來」，能力與為人都有關係，但對「人性」的瞭解是更重要的內心領導。瞭解他的需求、尊重他、賞識他、激勵他，固能「士為知己者用，士為知己者死」。

經營大志典

🌼任何職業中都潛藏著寶貝，執鋤掘去，就能掘著。

4-7從兼職「盜壘」到專職「全壘打王」——直銷商的時間管理與經營歷程

成為優良直銷商的另一個課題，是時間管理及運用，也就是「兼職」與「專職」的問題。如何兼職？何時應該考慮到過渡之轉業？如何開始用全部精力專職來經營你的傳銷事業？相信這是每個直銷商經常在心頭盤算的大問題。如果在時間管理及時機的考慮，不夠週全與細密，想要開展你的傳銷事業也是很難的。

如何「兼職」經營傳銷？

目前在傳銷界有百分之八十的直銷商，都是以兼職方式經營。有一份固定工作，但薪水可能不高，重要的是那

❀無財非貧，無業為貧。

——中國諺語

份工作根本沒有前景，滿意度極低。「人往高處爬，水往低處流」，積極而有創意的人乃有開創較佳未來的企圖，做直銷是許多人的選擇，但必須從兼職「盜壘」開始，怎樣兼職經營呢？

一、初期兼職經營的好處：

㈠**進可攻，退可守**：萬一傳銷做不下去，或沒有業績（初期業績大多不穩定），原來的工作尚可維持基本生活，以待機而動。

㈡**視野心胸開擴，人際關係範圍增大**：傳統上班族，不論公私立機構，職員每日待在固定小空間內，接觸極少的幾個人，不是論人長短就是搞鬥爭。若兼職做傳銷（或其他行業），就是突破小格局，使自己心胸視野開擴，人際關係範圍增大（注意！傳銷就是人際關係經營）。

㈢**沒有壓力，可慢慢打基礎**：兼職收入雖不定，但另有固定工作收入，可以沒有壓力，慢慢盤算自己的退休時

經營大志典

✿不要蔑視不喜歡的職業。

間，考量結束「正職」的時機，因此可以有較長的時間去瞭解傳銷，打好未來專職的準備工作。

二、兼職要「小心」：

㈠兼職與固定的正職應有「楚河漢界」之分：正職要做的更好，勿因兼職而在崗位上失職。

㈡絕不要讓老闆或辦公室同仁知道你的兼職，除非是「能做好保密工作的死黨」，或「共識」很高的同仁。

㈢兼職與正職的時間分配很重要，最好能做好「時間計畫表」，照表進行，才不會「公私混亂」，同時能做時間的主人。勿因兼職而成為時間的奴才，已失兼職之本意。

三、兼職經營的成功法則：

㈠所謂「兼職」或「業餘」，並不表示可以隨隨便便、似懂非懂、愛做不做，仍然要以專業心態來做。時間不夠，可以減少推荐次數，減少銷售，減少參加集會的種類，選定少數幾種產品為主打。

經營大志典

✵要從職業上獲得幸福，必須具備下列三個條件：一是適合做那種工作；二是工作量切勿過多；三是抱有必成的信念。

—英・羅斯金

(二)專心使用零碎時間，善於把握機會：兼職可用的時間大多零零碎碎的，使用零碎時間的要訣就是專心，一但有時間，發現有機會，馬上做零售與推荐。

(三)借重上線經驗與力量：初期兼職通常經驗不足，找不到着力點｜｜不知向誰推荐，零售給誰。這時借重上線是好辦法，切記！傳銷界的上線都樂意給下線「利用」的。

從兼職到專職的「過渡」考量

這表示要放棄原來那份固定工作，打算全力投入傳銷事業，似乎「兼而優則專」的氣候已到，但要下這個決心似乎不很容易。有那些問題須要考量。

一、組織網是否建立？包含深度與寬度、結構是否建全穩固？這個組織網最少應有四條線以上，每條線約有四至五代，即大約要有二十多個下線直銷商，固定消費者總數約有百人。

經營大志典

✿人必須有一個無法放棄、無法擱下的事業，才能變得無比堅強。

——俄·車爾尼雪夫斯基《怎麼辦？》

二、固定收入多少？即每月做傳銷所得（零售利潤與獎金），這個數字應至少概等於正職薪資。如正職月薪四萬，兼職月收入也要四萬以上，辭去正職後才能維持基本生活，落差不致太大。

三、正職年資的考慮。例如退休俸的考慮，再等一、兩年退休如果利大，不妨再兼職到退休，至少是比較保險與合算的做法。

四、本身對傳銷的認識與能力。兼職就是邊做邊學，邊適應邊瞭解，到了這個「過渡時期」要考量本身的水準及能力，能否把傳銷當成「第二春」的事業。

如何「專職」經營傳銷事業？

任何成功的事業都要專職經營，兼職必竟投入時間與精力都有限，只能當成一種準備或過渡。根據公平交易委員會調查，專職直銷商的收入平均是兼職的三倍，而且想

經營大志典

❧事業帶來快樂。

—西洋諺語

要成為大組織網的領導人，也必須專職經營。以下是專職經營要把握的法則。

一、解除迷惑，跳開陷阱：

傳銷雖有許多迷惑與陷阱，但都要在兼職階段逐一解決，完全沒有問題才會進入專職階段。所以進入專職已經不是解疑的時候，而是精進「本職學能」的時候，大量吸收有關傳銷的事業知識。

二、徹底瞭解制度：包含有關獎金、佣金、業績制度，公司組織架構與經營理念，教育訓練的計畫與執行，權利與義務關係，各種集會之主持與召開方式。

三、組織管理與領導能力要提昇：

進入專職階段，大多已經建立相當規模的組織網，這時候管理與領導的對象不僅是一個「組織」，而且是人，是各種形形色色的人。

四、凝結組織網的要素──情：

經營大志典

✿人不得不由事業而生。

傳統事業機構凝結組織的要素，可能是相關的法令規章，但在傳銷事業裡更重要的是「情」，用情來凝結直銷商的心，用情來推動人際關係。

五、保持專業化形象：

在兼職階段也許專業不頂重要，但「專職」則必須「專業」，特別是產品知識必須是權威的。大多時候，權威才能使人信服你的產品。

六、保持優良傳銷商的條件：

包含觀念、零售與推荐技術、服務與分享水準、複製與建立組織網的能力、領導與管理能力。不僅自身具備這些條件，同時有訓練下線的能力。

從事傳銷事業大多「先兼後專」，如何在各階段都能經營的順心如意，要有計畫去進行是很重要的，不要魯莽，冷靜去評估現況，才能正確下達決心，減少失敗，就能成為優良而成功的傳銷商。

經營大志典

❀只要看準目標不斷地努力去做，最後一定會得到回報。

　　　　　　　　　　　　　　　—德・歌德《浮士德》

*4-8*邁向「鑽石」直銷商之路

　　天下沒有不勞而獲之事,「天下沒有白吃的午餐」、「等號的左邊和右邊總是相等」。這表示想要成為「鑽石級」直銷商,月入十萬以上;或「皇冠大使級」直銷商,月入百萬。海內外任你週遊,過著尊嚴與自由的生活。絕非做做白日夢,呼幾句口號,買些產品擺擺門面,就能邁向「鑽石」之路嗎?非也!

　　這可能是一條充滿挫折、堅困的路,如同馬拉松賽跑,中途倒下的人絕不可能到達終點站。因此,這條通往鑽石之路必須用「務實」的態度去走,不可有過度的浪漫與幻想,實實在在,一步一腳印。

經營大志典

✽事業最要緊,名譽是空言。

—德‧歌德《浮士德》

到達「鑽石級」直銷商要幾年工夫？

　　每個直銷商從進入傳銷事業那一天起，都在夢想著有一天成為「鑽石級」直銷商。這表示人生已邁向另一個高峰，是理想的實現。就物質條件而言，不僅有月入十萬（雙鑽石以上更高），且公司增送百萬名車，免費招待海外旅遊，都是很大的吸引力。

　　但是，這條通往「鑽石級」直銷商之路，須要行走多少里程呢？以安麗公司發佈的資料，民國八十四年下半年榮登「鑽石直系直銷商」（如下頁附表），從加入直銷業起算，有長到十年，有短到約二年，惟從更多的統計觀察，做到鑽石通常要六到八年，做到皇冠大使直系直銷商大約要十二年時間。

　　不同的直銷公司可能有不同的歷程，例如雙鶴公司做到「鑽石直銷商」平均是四年。單純從時間角度觀察，至

經營大志典

❧要成就一件事業，必須花掉畢生的精力。

　　　　　　　　　　　　　　　　　　　　　　　—荷蘭諺語

發展程度　時間　直銷商	黃麗貞 廉化光 夫婦	陳月華 陳探龍 夫婦	鄒惠美 吳禮潭 夫婦	洪美香 彭建屏 夫婦	黃玉燕 涂永松 夫婦
入安麗時間	1984 9	1984 1	1987 11	1990 3	1988 9
直系直銷商	1985 5	1984 8	1990 5	1992 11	1989 7
明珠直系直銷商	1985 10	1984 11	1992 1	1994 7	1989 11
紅寶石直系直銷商	1991 10		1993 8		
鑽石直系直銷商	1994 2	1986 2	1994 3	1995 7	1992 2
執行專才直系直銷商	1995 6	1986 8	1995 8		1992 6
皇冠直系直銷商		1995 6			1995 8,參鑽
皇冠大使直系直銷商		1995 7			

經營大志典

✿工作成績不以時間長短作比較。

一佚名

少說明「通往鑽石之路」不是很好走，都要有數年的艱苦奮戰才能有成。

是不是以「最少時間到達鑽石」就是好公司？或好直銷商呢？又未必。其中涉及營業額與標準設定的高低，若標準設定很低，每月若干業績便有許多人成為「鑽石」，但銷售額都不高，此種鑽石之意義便不大。

通往鑽石之路的心態——一個傳銷領袖的實例

光用時間計算通往鑽石之路的歷程，也許「真實感」及「鑽石」心態都不夠明確，現在簡介一個傳銷領袖的現身說法。他——永久公司藍鑽石經理、全才型傳銷領袖——曾立平先生。

他做傳銷的十字訣：**「聽、看、問、用、記」**及**「列、邀、跟、帶、說」**，日日行，月月行，傳遞給下線的觀念是：「你們在經營事業，不是在賣東西。」

經營大志典

✤我們命定的目標和道路，不是享樂，也不是受苦，而是行動；因為在每個明天，都是比今天前進一步。

—美・朗法羅

他有時像水，洗滌夥伴的心靈，讓你脫胎換骨。

他有時像火，放射赤熱的火焰，溫暖快冷的心。

他有如嚴父，斥喝消極的兒女，催促積極前進。

他有如慈母，呵護退縮的腳步，激發前進勇氣。

「思想領導一切」是曾立平做傳銷的成功準則，他說只用手和腳去溝通，下線會離開你，但先用思想溝通了，下線就會跟緊你。

他建立組織的工夫全在「化繁為簡」的複製模式，包括簡單的榜樣、跟緊上線、向下深根、穩固基盤，自己必須力行實踐。

他設定會議內容必須包含：產品密訓、技巧密訓、成功本質及思想激發訓練、成功生涯行動規劃、進階訓練、積極參與各種集會。

曾立平的「十字訣」是初級直銷商的成功鐵則，「思想領導」是當組織網領導人的條件。像水、像火、如父、如

經營大志典

✿花在事業上之時間，絕非損失。

母,是當一個組織領導人的本質。化繁為簡的複製模式,各種集會內容的設定,這些都是直銷商的實務。

訂定計畫與設定目標

邁向鑽石直銷商之路,論時間須要四、五年以上,論正確思想、觀念及心態的建立或調整,也須要一段不短的時間。再論必須學習的技巧實務,也是千頭萬緒,所以須要有計畫、設定目標,一步步達成。

一、訂定計畫:

包含每月、每年的概要計畫,合成一個「總計畫」,但計畫要有彈性而週詳,可行性要高,少用空洞不合實際的詞彙。計畫內容概有:

㈠年度內各月要拜訪的人。

㈡年度內要完成的重要工作、集會。

㈢關於推荐、銷售的概要計畫。

經營大志典

✿貧賤而有業,則不至於飢寒;富貴而有業,則不至於為非。
　　　　　　　　　　　　　　　　—宋・袁采《袁氏世範》

㈣銷售服務計畫。

㈤組織內的教育訓練計畫。

㈥本身應該進修、學習的計畫。

計畫貴在執行，故須依計畫執行，並按執行成果與缺失，檢討計畫內容並加以調整，使計畫與執行成為一個不斷的循環，永續經營。

二、設定目標：

㈠一個總目標，如五年到達鑽石直銷商。

㈡若干中間目標，例如一年明珠，二年翡翠。

㈢設定每月訪問人數目標。

㈣設定每月推荐、零售目標。

㈤設定逐年營業目標。

㈥設定組織網建立目標。

㈦設定自己的學習目標。

總之，通往鑽石之路，不是一蹴可成的事。須要從「歸

經營大志典

✤人壽幾何？而余所欲成就之事業實繁。

—美・愛迪生

零學習」建立正確思想，調整正確心態；須要從務實的角度去學習技術性課題；須要有領導人的風範和特質，須要力行實踐。

訂定計畫，按計畫去執行；設定目標，逐一完成——這是一條通往鑽石直銷商之路。

經營大志典

✿物品當有安置的場所，事業當有預算的時間。

—美・富蘭克林

第五章

未來傳銷事業前景展望

　　在本書前面各章節中，討論過違法傳銷公司實例、傳銷之迷惑與陷阱、如何選擇優良傳銷公司，及如何成為卓越的傳銷商後，現在台灣的傳銷業似乎已進入「春秋戰國」，未來前景展望將如何呢？

　　如何「預測」傳銷事業的未來，應該考量的範疇為傳銷事業成長需要的環境，台灣傳銷業現況，未來趨勢產品，西元二〇〇〇年傳銷展望等。

5-1 傳銷事業成長需要的環境

　　「環境」是一切個體或總體賴以成長的外因素，所以觀察事業體可能的成長趨勢，仍須先行觀察環境因素。就大環境而言，安麗公司是目前全球最大的直銷公司，是環境觀察最好的實例，安麗的全球分公司參考「安麗事業手冊」，總公司設在美國密西根州亞達城(Ada, Michigan)，除各國分公司外，某些地區或國家雖無分公司，但仍可經營安麗直銷事業。

有安麗傳銷事業的國家與地區

　　一、依所在地法律設立分公司或辦事處：

　　除美國外，尚有澳洲、香港、日本、韓國、馬來西亞、紐西蘭、泰國、加拿大、瓜地馬拉、墨西哥、巴拿馬、阿

經營大志典

✤我們永遠不應該拋棄一個事業。如果它需要二十年，三十年，甚至一生或好幾代的功夫，我們也獻給它，一點也不吝惜。

一法‧左拉

根廷、奧地利、比利時、英國、法國、德國、匈牙利、義
大利、荷蘭、西班牙、瑞士、葡萄牙、巴西、印尼、波蘭、
台灣。共二十八個國家或地區。

二、未設分公司（辦事處）仍可經營：

安圭拉(Auguilla)、安迪瓜(Antigua)、巴哈馬(Ba-
hamas)、巴貝多(Barbados)、百慕達(Bermuda)、英屬維京
群島(British Virgin Islands)、開曼群島(Cayman
Islands)、多明尼克(Dominica)、多明尼加共和國
(Dominican Republic)、格拉那達(Granada)、海地(Haiti)、
澳門(Macao)、蒙塞瑞特(Monserrat)、荷蘭安地列斯(Neth-
erlands)、聖克茲・尼威斯(St. Kitts & Nevis)、聖路西亞
(St. Lucia)、聖芬生(St. Vincent)、千里達(Trinidad)、土
克斯及開卡斯群島(Turks & Caicos)、美國領地（關島、薩
摩亞群島、美屬維京群島、加羅林群島、馬紹爾群島）、法國所
有屬地。

經營大志典

✿若要企劃大事業，與其另外創造機會，不如努力利用目前
的機會。

從環境角度來觀察這些地區或國家，發現有兩個共同「環境因素」，其一是資本主義社會；其二是自由民主社會。以下再進一步分析這兩種環境特質。

資本主義社會

前面所有國家或地區的第一個共同點，就是「資本主義社會」，極少數雖經共產統治，但目前已經轉向資本主義社會型態。所謂「資本主義」，是一種財產私有化很高的經濟體系，特質有四：

一、私有財產制(Private Property)：

是資本主義基本元素，激勵個人用合法手段獲取財產，並將其財產做最有效率的運用。允許個人累積資產並在身後轉移，社會上才有頻繁的交易與追求利潤的積極活動。

二、利己主義——看不見的手(The invisible hand)：

經營大志典

✿為迎接機會的來臨，我隨時都採取積極的工作態度。

—美・林肯

亞當斯密(A. Smith 1723——1790)在「國富論」一書中，稱利己之心是「一隻看不見的手」。人們都在尋求以最少成本，得到最大滿足或價值，例如經商利潤、加薪、休假，或消費、購物之樂趣。利己之心驅動經濟及社會不斷進步。

三、自由放任(Laissez nous faire or leave us alone)：

指沒有政府干預的情形下，所產生的經濟上個人主義與經濟自由，這曾經是資本主義的箴言。但二十世紀後已有調整，為保障經濟自由與社會福利，政府必須對經濟活動有所干預。未來由政府建立共同遊戲規則，在規則內「自由放任」為勢所必行。

四、競爭與自由市場：

這兩者有密切關係，經營者與消費者互動後決定產品價格，買賣雙方都自認在最佳時機進入或退出市場。自由市場產生兩個重要功能，其一，消費者與生產者建立了競

經營大志典

★要是遇上有利時機，須好好把握，但不可損害他人的利益。
—尼日利亞・伊芒《非洲夜談》

爭價格；其二、促進經濟資源有效運用。

從資本主義這四個特質，來衡量可以經營安麗傳銷事業的國家或地區，正好反證資本主義社會是傳銷事業經營的最有利環境。

自由、民主、開放社會

前面可以經營傳銷事業的國家與地區，第二個共同點是自由、民主、開放社會，可以概括的說，這些地方都是推行「**民主政治**」。當然民主化程度各有不同，傳銷這種商業活動為何在民主社會大放異彩，有下列原因。

一、資本主義的四項特質都在民主政治制度之中，並依賴使用民主手段使資本主義得以推行，雖無純脆的資本主義制度，但用民主方式加以調整而成「混合經營」，仍保持資本主義社會大多數特質。

二、中產階級增加是成熟民主社會的特點，台灣和西

經營大志典

✤人的行動也有時機之分，就像開船要趁漲潮。

－英‧莎士比亞《凱撒大帝》

方先進國家都是以中產階級為社會中堅。傳銷特別適合中產階級，傳銷事業愈流行愈能創造更多的中產階級，社會也愈趨安定，而愈有利推行民主政治。

三、民主政治愈進步，傳銷愈發達，在程度上差別很大，在先進民主國家（如美國、日本、法國、德國等），因社會制度已經建立，經濟競爭法則週密，故合法的傳銷發達。民主政治制度愈是低落，傳銷可能淪為老鼠會，但仍會隨著民主社會之進步而成為合法的傳銷。

傳銷事業成長需要的環境，我們可以說資本主義和民主政治社會是兩大「溫牀」。

經營大志典

✤如果找不到機會的話就自己製造。

—英・司麥爾斯

5-2 台灣傳銷事業環境評估

在所有可以經營安麗傳銷事業的五十多個國家與地區（前節所述），台灣可能是最「複雜」而特殊的地方，並不能單純從傳銷事業的「兩張溫床」（資本主義、民主社會），去評估傳銷事業之環境。還包含政府的社會與經營政策，政治環境和兩岸政軍情勢發展，如此才能對傳銷的環境現況做客觀評估，對未來的傳銷環境也有比較正確的預測（不是預言）。

台灣傳銷事業的環境特質現況評估

傳銷事業的環境，所指就是資本主義社會及民主政治，台灣雖內、外環境複雜，但就這兩者而言，目前發展情況如何？傳銷事業環境是否已經成熟？

經營大志典

❋你可能藉機會獲得一份好差事，但你却不能憑機會去保有它。

—法・塞尚

一、台灣是否已進入「後資本主義」時代？

台灣雖在戒嚴時代推行數十年三民主義的經濟制度，但基本上僅止於一些「表相」，本質上還是資本主義的「混合型經濟」制度。因為資本主義的四大特質（財產私有制、利己、自由放任、競爭與自由市場），都還有相當程度的存在，資本主義產生的社會問題（如貧富差距漸大）台灣也存在。

經過人們長期檢討試用，時代潮流進入「後現代主義時代」，戰爭與資訊則進入「第三波」，整個國際環境進入「後冷戰時代」，台灣已走上這個新時代。所以經濟學者們評估台灣已邁入「後資本主義」時代，這是一個可使傳銷事業更成熟的時代。

二、台灣是否已經是「自由民主」社會？

解嚴以後，台灣加速政治改革，推行「民主政治」是朝野努力目標。何謂「民主政治」？大體而言包含政黨政

經營大志典

✿那遙遠而艱難的誘餌是虛假的，機會就在你現在所在之處。

—美‧柏若茲

治、議會政治、法治、民意、責任、多數決定及開放社會。從這些指標來評估台灣近數年來的政治運作及活動，尤其省市長及立法委員選擇的順利完成，對於民主水準有些人雖感覺「雖不滿意，但可接受」。但概括的說，台灣目前已經是一個「自由民主」社會，絕大多數的人應該是可以肯定的。

　　未來必須加速使陣痛、脫序回歸到正常的遊戲規則去進行，暫停統獨之爭，台灣的自由民主社會一定能更加成熟，這是傳銷事業最有利的環境。

政府的經濟與社會政策之影響

　　從整個國內大環境來看，經濟及社會政策的未來走向，應是自由化、國際化及福利國家之型態，政府這個大方向應無疑慮。

　　回歸到現實層面來觀察，近年台灣的產業結構開始有

經營大志典

❀功者難成而易敗，時者難得而易失也。
　　　　　　　　　　—漢・司馬遷《史記・淮陰侯列傳》

大轉變，由製造業為主，轉變成製造業與服務業並重的型態態，到民國八十三年為止，服務業更升高到五五·九一%，證明台灣已開始以服務業為主流，這才是在經濟上走向亞太營運中心，社會政策走向福利國家的基礎。

隨著國民所得增加，生產分工日愈細密，對產品品質也日愈重視，服務業隨著自由化、國際化的趨勢，競爭也日愈強大，品質、服務、個性化是未來市場佔有率的關鍵因素。傳銷事業就是以這些因素取勝，台灣的大環境對傳銷事業有利。

兩岸政軍情勢發展評估

兩岸情勢經過數十年發展演變，至今仍停留在「中共武力犯台」及「台海防衛」對峙中，海峽情勢幾乎是台灣各行各業的「火車頭工業」。兩岸局勢緊張升高，國內則人財出走，股票及房地產大跌，百業不興；兩岸局勢好轉，

人之拋棄機會，多於機會拋棄人。

—法國諺語

國內情勢則一片大好，百業都興隆，連檳榔都好賣。

影響國內經濟景氣重要原因，分別是：景氣自然循環一一％，國際因素一二％，政府財經政策一三％，國內政治因素二六％，兩岸政治情勢三四％，其他四％。若將國內政治及兩岸情勢相加，正好六十％。可見兩岸政軍情勢對台灣經濟景氣影響之大。

經過民國八十四年下半年，中共兩次對台海地區進行飛彈威脅，兩岸的中國人各自產生鉅大震盪，台灣似乎並未受到武力威脅而屈服，而大陸並未佔到甚麼便宜。共產黨的領導階層內部，開始有一些「微弱」的反省或檢討，「用武力是否真能解決統一問題呢？」

而台灣方面，從八十四年十二月的立法委員選舉也看出一些指標，民進黨主張急獨的候選人全部落選，看出獨派愈來愈沒有「市場」。

綜合海峽兩岸的政軍情勢，未來台灣與大陸的經濟前

經營大志典

✤智者貴於乘機，時不可失。

——元・羅貫中《三國演義》

景仍可以持樂觀看法，大環境對傳銷事業的推動依然有利。安麗公司才在八十四開始，在大陸打開市場，目前在廣州已正式經營安麗事業。

因為大環境趨向有利，目前（八十四年）台灣有大約四百家直銷公司，直銷商超過一百五十萬人，每十人就有一個直銷商。

直銷是下一波「全民運動」，直銷時代來了！

經營大志典

所謂強者是擁有意志，又能等待時機。

—法・巴爾札克《歐也妮・葛朗台》

5-3未來傳銷產品特性判斷

　　台灣的直銷產品已日趨多樣，但目前仍以健康食品、化妝品、保養品、各式清潔用品為主流。新的產品不斷出現，也可能改用傳銷方式流通，但並非所有商品都適合以傳銷方式賣出，首先仍須考量產品之「特性」，具備了那些特性才能在現在或未來的傳銷市場獲得佔有率。這些特性便是：消耗性、高利潤、方便性、簡單性及功能性等五項，本文概要分析與判斷。

消耗性

　　通常重複使用、不斷消耗的產品，都是屬於人們的生活必須品，市場需求量必定大。再者，消費者對生活必須品通常有使用上的「慣性」，一旦覺得使用滿意，便會重複

✿只要熱愛它，一個人便適合任何工作。

—古希臘・哈伯德

消耗，忠誠地使用某一個品牌。加上傳銷除了在產品銷售外，也在傳銷管道上注入人際「情份」，使重複消耗的「忠誠度」更高。

高利潤性

「重賞之下必有勇夫」，古今皆然之理。每個直銷商都是「勇者」，只有勇者才會有企圖、有理想、敢實踐。但就產品本身而言，有利潤才能吸引經營者，而且有高利潤更能吸引勇敢的經營者。

但是，傳銷商品必須是「高利潤性」的理由，主要還是行銷通路與競爭的問題。傳統商品的行銷通路大約是：生產者→總代理（大盤商）→中盤商（地區經銷商）→小盤商→零售商→消費者。由於中間商太多，產品價格偏高。傳銷產品的行銷通路是：生產者→直銷商→消費者，如此節約大量廣告、轉運、人事管理等費用。這些節目下來的

經營大志典

✿沒有愛心勉強去做的工作，不如不做，寧可坐在寺院門口，沾沾自喜地，向工作者乞討，也許更好些。

—佚名

經費正好供做直銷商利潤（佣金、獎金等），同時產品同時也能和傳統商品有相當競爭力。

方便性

這裡說的方便性，主要針對直銷商而言，其次才是生產者本身的運輸、儲存問題。

首先就直銷商而言，傳銷是必須建立在龐大直銷商網的基礎上，產品才能大量銷售，所以對直銷商條件的設限極低，例如公務員、學生、老師、家庭主婦，幾乎人人可以成為某一公司的直銷商。他們在初期經營直銷事業時，只要有簡單的交通工具（例如一部摩托車，或根本不須要），就可以開始做生意賺錢了。這是傳銷商品必須「方便性」的理由。

其次生產者本身的轉運、儲存，傳銷商品因其「重複使用」性質高，故需求量通常很大，方便攜帶、運送的產

✤熱愛工作，可刺激頭腦靈活、心態積極，使你成為一個成功的人。

—日・松下幸之助

品（單位面積、體積小，價值高），才能大量節約成本，節省時間。

簡單性

　　傳銷產品的簡單性，包含使用、解說、功效三方面。第一、產品使用方法要簡單，大多數的直銷商絕非技術人員（如公務員、家庭主婦、職業婦女），他們也極少會成為技術人員。所以傳銷產品愈簡單愈好，傳銷商會用，消費者才敢用。

　　第二、解說。身為直銷商，必須經常舉辦產品說明會、ＯＰＰ、一對一銷售、零售或推荐。第一步就是解說你要賣出的產品，產品的「簡單性」才能人人會講、人人會賣。連「歐巴桑」都會講的OPP，才是真的「簡單性」。

　　第三是功效簡單，直銷商易於表達，消費者就會安心使用。再者，產品功效簡單，產生「明確、肯定」感，幾

經營大志典

❋工作的矮人要比睡覺的巨人偉大。

乎「功效看得見」，更能取得顧客的信任感。功效萬能，其實是無能。

功能性

在現代社會人越來越聰明，隨便讓你「說的天花亂醉」就購買產品的人，已經愈來愈少，買產品乃是需要，而需要必定考量「功能」，例如水質不好產生淨水器的需要，但功能要佳，它最好能解決酸雨、氯、雜質、異味、污染、病毒、細菌等問題。功能好也代表品質佳，顧客才會感覺價格合理，甚至物超所值，這是傳銷商品最好的行銷條件。

隨著時代不斷進步，在邁向西元二〇〇〇年的大趨勢路途中，人們將更考究產品之特性，因為可預知的趨勢，人們更追求身份、地位；追求個性化與個人品味；講求自然方便；嚮往自由、休閒、健康與尊嚴。

經營大志典

✿賢人的工作，與其說是為了「如何死」，不如說是為了「如何活」。

　　　　　　　　　　　　　　　——荷‧斯賓諾沙《隨感》

5-4明日趨勢產品的市場分析

目前台灣的傳銷市場，除了一般化妝保養、健康、清潔產品外，國民所得的提高促使更多「無形」商品投入市場。其中更以看似無形的「權利」性商品，具有很大的傳銷潛力，很可能發展成直銷商品的明日之星。根據研究以信用卡和各式會員證兩類，最有可能成為權利性商品之「牛耳」，深值得傳銷界積極開發。

信用卡

目前世界各大發卡組織均先後在台灣發行，如威士卡(VISA)、萬事達卡(Master Card)等，據統計到民國八十四年約有二百萬張信用卡，未來市場將可能有六百萬張信用卡尚待開發。

經營大志典

✤當你工作的時候，你便與自己、與人類、與上帝聯繫為一。

—黎巴嫩・紀伯倫《先知・論工作》

一、信用卡市場狀況：

(一)發卡單位多元化：例如同樣是VISA卡，可以選擇中國信託VISA卡，花旗銀行VISA卡、國泰信託VISA卡等，不同發卡組織，其福利、制度、費用不同，顧客可依需要選擇。

(二)以VISA卡為例，市場佔有率的前二名是中國信託和花旗，中國信託發卡數最多，花旗成長率最高。

在高度競爭狀況下，人們更重視售後服務，這正好是傳銷產品的賣點。

二、商品的傳銷特性

信用卡做為一種商品，也很具有傳銷商品的特性，應把握這些特性來開發，才易於達成促銷。

(一)方便：隨身攜帶，到處可用。

(二)簡單：申請、使用都簡單，直銷商解說簡單。

(三)安全：解決帶現金的風險，遺失有保障。

經營大志典

❉人類的工作在於不擾亂自己的秩序，這與斧頭必須經常磨得光光的道理相同。

—俄·托爾斯泰《日記》

㈣利潤：週轉與節省匯兌的利益

用傳銷方式來經營信用卡市場，可以運用現有持卡人的人脈關係，選擇財力雄厚的發卡組織，降低發卡成本，這是傳銷可以相互配合的地方。

各式會員證

國內近年流行各式會員證，表示國人生活水準的提高，一種講究休閒品質的社會即將來臨。例如現在流行的高爾夫球證、運動、休閒、渡假等會員證，都表示一種身份、地位或相當程度的經濟能力。

國內各式會員證的市場狀況，已日趨由「貴族化」變大眾化，此類會員證雖然範圍很廣，幾乎包含人類的食、衣、住、行、娛樂、休閒等各方面需要，但大致上可分成三種型態在經營：

一、**屬都會型態**：以企業主管、上班族為促銷對象，

經營大志典

✤我們工作不單是為了生產，也是為了利用時間。

一日・松下幸之助

設在都會區內的健身房、有氧舞蹈教室、美容健身、游泳池都是。上班工作之餘，追求健康休閒，是現代都會上班族的最愛。

二、屬鄉村型態：如高爾夫、騎馬、賽車、潛水、駕舟，是中、高收入者的休閒生活。「聯絡感情、建立關係」是此種會員證持有人所希望的「附加價值」，這就是傳銷事業的賣點，因為傳銷事業就是人際關係事業。

三、屬功能型態：不論都會或鄉村，某些功能區隔也是休閒渡假中心所要考量。例如用於公司行號開會、集訓，團體渡假旅遊，迎賓宴客，家庭式聚會，烤肉野餐等，都發揮了不同功能，吸引不同客層。

不論是信用卡或各式會員證，未來不僅是量的增加，質的提高，式樣趨向多元。但有一個原則是合乎「直銷鐵則」的，零售與促銷都要從人際關係網絡中找到「着力點」，漫無目的，地毯式轟炸的促銷方式早已過時，傳銷會在這

經營大志典

❀把獎章給那些初步著手事業的青年人，比給那些將近完成事業的人，作為一種獎勵，更能產生良好的效果。

—英・達爾文

裡獲取大量的市場佔有率。

經營大志典

✤成功的秘訣是走向目的的堅持。

—英·迪斯雷利《演說》

5-5 未來健康與生死問題的傳銷市場

　　健康與生死其實可以歸為「同類型產品」，蓋因健康則生，不健康則趨向死亡，求生避死原是人類的本能。現代社會發展講求健康品質，所以繼健康食品之後，健康檢查也可能發展成重要的傳銷產品。又因人口密集，土地有限，想要找到一個「可以去死」的地方，已經日愈艱難，靈骨塔生意的流行就是在這個背景下產生。

　　生死問題之市場，目前已是傳銷開發的新產品，未來的市場潛力也大。任何經營此項事業的直銷商都可以說，「我總有一天等到你。」但是做直銷不能用「等」的，要積極推荐「生」，也銷售「死」。

經營大志典

❧工作就是勝利，工作完畢，就可以得到勝利。

─英‧王爾德

健康檢查中心

醫院原是進行醫療保健的地方，它不屬於消費服務性質的處所，但懂得傳銷密訣的人把兩種功能合而為一，讓你免除排隊等候之苦，輕鬆完成健康檢查，又彷彿是在休閒渡假。

一、市場現況

健診中心的傳銷制度，與一般經營健康食品、化妝品的傳銷制度頗有差異。因此市場使用的行銷策略也有不同。大致如下：

㈠制度設計上強調「全家參與」。

㈡「一人入會，全家入會」，大家都可以檢查。

㈢入會費提高，年費壓低。

㈣渡假與健診合一，系統化作業流程。

㈤各健診中心競爭很大，服務親切與快樂健診是產品

✤工作不只在賺那微薄的薪資，還要賺許多人情義理，賺自己存在的意義。

—日・松下幸之助

重要的「包裝」訴求。

二、健診傳銷公司經營實例

京健公司是國內經營醫療保健業務，至少有十年的經營經驗，初期採傳統經營。到民國八十年三月改採傳銷制度經營，才大放異彩。目前該公司設計周密的檢查流程，使健康檢查只要四個半小時。代表性產品是「京健生活卡」，其特色有：

㈠特約健康服務。

㈡建立家庭醫師管理制度。

㈢建立全家健康資料，提供專業健康顧問。

㈣全省連銷性服務。

㈤不定期健康講座，提供保健知識。

㈥提供經營企管講座。

㈦保健用品訂購優惠。

㈧提供創業機會。

經營大志典

❖工作就像一塊海綿，吸取恥辱與苦痛。此外，工作還為靈魂換上新的表皮和新的血液。

—法·羅曼羅蘭《高拉·布洛寧》

(九)終身會員制。

生死問題與靈骨塔的市場探究

人口密集、土地取得困難，公共建設及火葬觀念漸被接受，使得「生死問題及靈骨塔」市場興起。從目前國內數家傳銷公司積極經營這個市場來看，再度證明傳銷制度的適用性很廣。

一、生死與靈骨塔的市場潛力評估

從國內的人口結構分析，未來十年死亡人口應在二百萬人以上。加上政府因公共建設、環保等因素必須遷墓達六百萬座。此種現況可從三方面來評估市場潛力：

㈠未來十年(民國八十五─九十五年)，全省納骨塔實際需求量約達九百萬座。

㈡人口結構步入高齡化社會，五十歲以上人口約佔總人口五分之一強，殯葬費用將是人生一大筆支出。

經營大志典

✿工作能維持生命的甘美和健康。

—西洋諺語

㈢殯葬文化提昇，未來將會兼顧治安、交通、環保、節葬等問題，是故重視殯葬品質。用傳銷方式經營的事業體，能達成顧客的這個願望。

二、「生死與靈骨塔」直銷公司經營實例

由國寶集團（全生涯事業集團）所投資的福座開發公司，於七十九年九月成立，以「全生涯」理念經營「北海福座墓園」。該園位於台北縣三芝鄉，倚山面海，龍環虎抱，氣勢雄偉壯闊，是堪輿學上的「寶地」。各界將相名流，民意代表與政黨要員，商界巨賈或文士等，爭相「到此一死」。該公司經營特色為：

㈠主要商品種類：富貴型（個人型）、吉祥型、（夫妻型）、如意型（家庭型）、圓滿型（殯葬服務）。

㈡採傳銷制度，傳銷級職有業專、主任、襄理、副理、經理。

㈢各式獎金有業績、轉導、服務、完款、增員等多種。

經營大志典

✤工作而後有健康，健康而後有滿足。

一法・貝迪耶

㈣該集團以「厚生、養生、往生」的全生涯理念，經營「生、老、病、死」的四大事業，可謂從生到死，一切問題全部包辦。

健康與生死問題未來必將更突顯其重要性，尤其台灣邁入已開發國家後，健康與休閒會結合成一種生活方式。台灣人口密度又高居世界第二，設立納骨塔提供客戶往生進塔服務，已是未來趨勢，市場潛力雄厚，都是尚待開發的傳銷新產品。

經營大志典

❀不少人因能努力工作，使自己不會得神經病。

－英・卡萊爾

5-6 「後現代」兩性傳銷市場探究

　　現代商品行銷，不僅必須依據「市場導向」，而且要有精準「市場區隔」，這是多元社會發展的趨勢。「一項適合全家人使用的產品，結果可能沒有人使用。」反之，針對特定族群，例如少女專用、老人專用，更能得到消費者青睞。

　　依據台灣地區市場調查，歸納出各種不同消費族群，有按空間、性別、年齡、職業、教育水準、價值取向、流行感、消費觀等，加以適當區隔。據調查所得，按年齡、性別區隔出三個新興市場，目前已隱然成為未來市場行銷的三大目標，即銀髮市場、男性市場、女性市場。

經營大志典

❀沒有層次的劃分，就不能分析也不能管理。

一日・石川磐

銀髮市場

台灣地區六十五歲以上人口，除佔總人口數百分之五點四。預計到公元二〇〇〇年為百分之八點五，「老人時代」的來臨，表示老人市場的興起。隨著時代進步與生活富裕，尤其未來老人經濟能力提高，改變傳統省吃儉用的理念，開始有更多的需求。傳銷事業要開發銀髮市場，仍須注意這個市場的特質。

一、老人對產品使用的特質：

㈠老人喜歡懷念過去，產品設計以復古式較佳。

㈡老人對產品的使用首先考慮「安全」。

㈢老人對品牌的忠誠度高，較有使用慣性。

㈣老人對服務態度很「計較」，親切貼心的服務最能得到老人的好感。

㈤設計產品考慮老人的體力、眼力，特別重視老人身

經營大志典

✿工作是保持心理健康的不二法門。

體的靈活度。

　㈥老人有豐富的生活體驗，重視實用價值，光用外觀的宣傳、廣告，對老人較難有說服力。

二、可供傳銷事業開發的老人市場產品：

㈠老人健康食品，如低鹽類、低糖類。

㈡視、聽器材，醫療用品。

㈢老人中心、服務站。

㈣進修或學習機構，如技藝、老人學院。

㈤老人旅遊及其延伸附加產品（如觀光導遊）。

㈥老人信託安養、居家安養。

㈦健康檢查服務。

女性市場

　這是一個「柔性訴求」的時代，也是一個使用「腦力產業」的時代，因此有人說這是「女性主義」時代。看看

經營大志典

❀悲傷的時候，工作就是良藥。

一美・林肯

台灣的服務業，女性已經在生產與消費市場上打下一片天空，使男性為之遜色。當女性經濟能力更能獨立時，以女性族群為主的市場，或以女性主義理念為訴求的市場，開始明確的被區隔出來。有志投入傳銷事業的人，應該緊釘住這塊大餅。

一、「女性商品」的界定，已不僅受限於「女性用品」，而是「女性顧客為主」。例如許多男士用的西裝、領帶、內衣褲或刮鬍刀，都是女性在採購。選購男性用品，以表達女性的體貼、愛心，這些都包含在「女性商品」的範圍內。

二、女性商品除原有的化妝保養品、服飾外，漸漸抬頭的有女性飲料、女性轎車、電視、小套房；專屬女性的運動、休閒、才藝、圖書、雜誌等。

三、女性投入直銷界潛力可觀。台灣地區就業人口比率，大約是男性六成，女性四成。但投入直銷事業的人口中，男性是五一％，女性是四九％，這表示傳銷對女性有

工作是醫治所有頑疾和厄運的最有效的藥劑。

—英・卡萊爾

更大吸引力，由女性直銷商做女人生意，為女人服務，更為男人服務，是女性市場中重要的「導向」。

男性市場

在女性主義響徹雲霄的同時，男性也不會甘於「寂寞」，這不光是男人們不願讓女人專美於前，而且事關男人的「存在意義」。所以「男性商品」乃從一般市場中區隔出來，告訴大家「我是明顯的存在的」。傳銷事業要做的有聲有色，男性商品也是一塊大餅。

一、男性市場的區隔大概是青年到中年（約二十與四十多歲），這個層次的男人消費力高、經濟力強、教育程度高、資訊吸收力強、有個性，獨立自主。特別是那些「最有價值的男人」──單身貴族，自成新男性文化，消費力強大，講究衣著、休閒、飲食、談吐，重視身份地位的表徵。

二、男性市場商品，如現在的「風尚」、「中國男人」，

經營大志典

❧論事不可趨一時之輕重，思當其久而遠者。

──明‧薛瑄《讀書錄》

正積極開發的如服飾、化妝保養、圖書、轎車、運動與休閒具樂部。就商品佔有率而言，台灣男性化裝品營業額大約是女性化妝品的百分之五，日本已發展到百分之十五，歐美已達百分之三十五，可見台灣的男性市場商品，尚有最大的發展空間。

　　三、男性化妝品是從男性商品中「再區隔」出來，最有發展潛力的商品，「男人也要化妝」，在當代社會潮流中已能得到多數兩性共識。直銷商經營男性化妝品，應把握這個市場特質有：

　　㈠男人強調清潔、儀容為主，美觀較次。

　　㈡男人從功能、實用和理性觀點選購化妝品；女人從感性、美麗和媚力觀點選購。

　　㈢男人選購化妝品後，經常不知道使用方法及步驟，故售後服務時有賴直銷商提醒講解。

　　㈣男人大多「怕麻煩」、「討厭囉嗦」，總希望「一次解

經營大志典

✿急行無善步，緩一著，加一熟思，自是不差。

－彭端吾

決所有問題」，故強調方便、簡單、多功能的特性很重要。

　　㈤男士對品牌的忠誠度高，少見異思遷。

　　在「現今」時代所講求的統一化、標準化、規格化、大型化，這樣的商品已被人們無情的揚棄，成為一種歷史。我們快速、急切地邁入「後現代主義」時代，對商品的講求是個性化、精緻化、高品質，必須明確突顯「我的存在」及人生的意義。有的客戶在乎「曾經擁有」，有的在乎「天長地久」，更有的不在乎「一時擁有」，都要加以明顯區隔。

　　本文區隔的銀髮、女性及男性商品中，女性商品的開發已經成熟，銀髮商品市場正在成形，男性商品還有傳統盲點尚待突破。但可以肯定說：這三個市場已是直銷的新戰場，有志者儘早投入。

經營大志典

❀無論任何事，都要經過一番計議才能妥善，否則就要傾倒、翻覆、矛盾重重，結果只好聽從命運的擺佈。

　　　　　　　　　　　　　　　　　　　　—英・培根

5-7 傳統事業改採傳銷經營的趨勢

　　所謂「傳統事業」和「傳銷事業」的不同，主要還在行銷管道的問題，傳統事業有多層中間商，而中間商的「撥削」是消費者的最痛。傳銷從生產者到消費者中間，只有一個中間商——即是直銷商。許多傳統事業在面對新潮流、新行銷管道的衝擊下，紛紛改採用傳銷制度經營，除了前面章節提到的醫療健康、兩性商品及「生死商品」等，目前正開始轉型的傳統事業尚多，例舉出版、保險與農業三方面評估之。

當路走到盡頭須另闢新徑——出版界的直銷路

　　國內書籍銷售方式目前有店舖、郵購和直銷三種，但

✽天下無難事，只怕有心人；天下無易事，只怕粗心人。
　　　　　　　　　　　　　　　　　　　　　　　　—清・袁枚

投入書籍銷售的直銷商，在國內幾近兩百萬直銷商群中，只有一千多位，出版界用直銷打開銷售之門，現在只算啟蒙階段。已經打開直銷路的出版公司如青林國際出版公司、神燈出版公司及智茂圖書出版公司都是。

青林國際出版公司負責人林訓民：「當路走到了盡頭，就必須另闢新徑。」傳統書店方式的淘汰機會太高，許多好書在尚未被讀者發現就已下架，有規模的書店多在都會區，傳統的書籍銷售通路已到盡頭，直銷書籍是未來出版市場上的走勢，市場評估樂觀。

一、傳銷公司的形象和市場層次，通常決定一套書的命運。依據評估，安麗公司的家庭路線很適合藝術、文學書籍；統健公司的直銷商大多是年輕的媽媽，適合走幼教路線。

二、書籍的珍貴在內涵，但直銷商要先成為讀者，才能把書籍「值感」，用最直接的方式面對面「直銷」給消費

經營大志典

✿觀察後立即就作出結論，而且認為二者並無任何軒輊，這是一種不幸。

—德・歌德

者。

三、「市場導向」仍然是書籍市場的「鐵律」，以往是編輯部編甚麼書，銷售部就賣甚麼書。但智茂圖書公司改變經營方式後，率先成立「直銷部」，現在是編輯部要配合直銷部來編書，因為直銷商最懂讀者的心。

在國外，利用傳銷制度經營圖書銷售已甚普及，且預估為未來走勢，在國內雖然剛剛起步，才使得這個市場的發展天空最為寬廣。

保險業走出傳統──傳銷理念運用的試探

保險業（壽險為主）在民國五十一年到七十九年，二十八年間投保率是百分之三十一。然而八十年到八十二年底，三年間成長到百分之五十五，平均每兩人就有一張保單。預測到民國八十六年將達百分之六十五，故早在民國八十三年八月勞委會評估未來（八十三年到九十二年）十大

經營大志典

❀憂先於事，可以無事。事至而憂，無益於事。
                                　　　　　　　　　──清‧唐彪《人生必讀書》

熱門行業，人身保險業居第一名。面對這個廣大的市場，

壽險業銷售員組織網模式

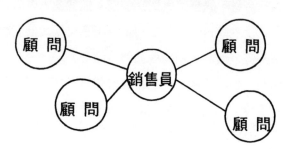

保險業如何突破傳統「人情關係」瓶頸，再創更高投保率，傳銷理念的運用深值推廣。

　　一、壽險業與傳銷在人際關係的經營上頗多相同之處，兩者都要不斷建立人際關係網絡，才有源源不斷的生意可以。

　　二、組織網的建立兩者差異較大，傳銷事業成敗的關鍵在能否建立強大而堅固的組織網，但壽險業的銷售員並

✿凡事都作再次考慮的人，是最聰明的人。

—古希臘・尤里披蒂

無建立組織網的制度，惟運用傳銷理念建立顧問群（如上頁附圖）。

　　三、附圖所示的壽險業銷售員組織網模式，最大的顧慮是組織網不能大幅擴張與牢固，因為顧問利潤有限，權責不夠，不會專心投入。但壽險業已運用傳銷理念，銷售員若能找到數人也願意從事籌險銷售，並成為正式銷售員（如同直銷業的下線），營業額達到若干程度，可由公司出資負責另立門戶，這是傳銷理念的運用，頗值試探，未來運用傳銷制度推廣人身保險業，應是可以預期的趨勢。這是直銷業與壽險業可共享的大餅。

農漁生產者自組直銷網——紅蝦養殖戶的實例

　　台灣的農漁產品，特別是蔬菜類的價格長年大幅偏高，是所有家庭主婦的最痛，根本問題就是中間商的惡性壟斷撥削，政府數十年來均束手無策，農濃民和消費者是

✦做任何一件事，都必須先考慮其後果，然後再著手。
　　　　　　　　　　　　　　　　　　　　　　　　　　　—古羅馬・西拉斯

最大的受害者。近年農委會開始輔導生產者（農民或漁民）自組直銷網，現在以紅蟳養殖戶為實例說明之。

一、農委會漁業處自八十四年十月起，輔導全省最有名的宜蘭大塭紅蟳養殖區，一百多戶養殖戶自組直銷網。直接銷售給承購戶。

二、養殖戶的做法，據養殖區的直銷代表示林登財表示，他們通常星期四捉蟳，星期五篩選蟳，星期五晚上或星期六即趁新鮮送至台北約定的承購戶，售價比市價便宜兩成以上。

傳統事業改採傳銷經營方式，除了行銷管道問題外，還有一些現代人的心理因素。現代人不喜歡與陌生人有接觸，傳銷是透過親戚、朋友的引介，賣產品也包含人情關懷分享，像交朋友而不像做買賣。

有更多的傳統事業將會採用直銷方法，擴張市場佔有率。

經營大志典

✸老鼠要出洞，也要掐算掐算。

—中國諺語

5-8 二○○○年直銷各行業評估

從市場研究評估，預測到公元二○○○年，各行各業最適合採用直銷經營者，可謂範圍廣大。將其直銷前景區分三個等級，設第一等是「直銷最有前景行業」，第二等是「直銷較有前景行業」，第三等是「直銷有潛力行業」。概要評估為直銷事業參用。

「直銷最有前景行業」

一、傳真裝置：由企業普及率到家庭普及。

二、電腦：企業普及到家庭，再到個人隨身電腦。

三、休閒俱樂部會員證：有流通市場或投資對象。

四、運動俱樂部會員證：向各年齡層發展。

✿考慮周到，勝過百日徒勞。

—芬蘭諺語

五、洗劑：追求品質、環保、多功能。

六、淨水器：國內水質難有多大改善。

七、健康器材與食品：人們追求健康願望再昇高。

八、老人產品：迎接老人時代來臨。

「直銷較有前景行業」

一、貴金屬寶石：獲利性高，有市場性。

二、寵物：穩定中成長，關鍵在把握客戶需要。

三、藝術品：國民生活品質提高，有購買力。

四、家庭安全器材（如減火器）：安全觀念普及。

五、電視電話：家庭適用，電腦化家庭必備。

六、兩性化妝品：指兩性區隔的化妝保養品。

七、空氣清淨器：各大都市空氣污染嚴重。

八、毛髮關係產品：假髮、脫毛、育毛的流行。

九、廚房垃圾處理機：家庭環保、衛生上的需要。

經營大志典

✤思而後行，以免做出愚事。

—古希臘・畢達哥拉斯《金言》

「直銷有潛力行業」

一、系統化廚房：為未來廚房的走向。

二、多功能裁縫機：主婦居家備用。

三、男性商品：一塊尚待開發的處女地。

四、車輛用品：車輛有增無減，市場豐碩。

五、女性化妝品：在現有市場上持平成長。

六、女性內衣：未將內衣視為消費品的顧客增加。

七、書籍、教材：開發後持平成長。

八、個性化日用品：未來是更講求個性的時代。

九、高級建材：針對特別客層的需要。

十、健康檢查：健康與醫療的結合。

十一、殯葬業：人們對殯葬品質的期望。

十二、中草藥產品：如靈芝、蔘、黃耆產品。

十三、納骨塔：人們對火葬的接受及投資誘因需要。

經營大志典

✤在行動前先思考，不要行動後才考慮。

—古希臘・德謨克利

十四、庭石墓石：屬長久性價值商品。

十六、地毯：被當成美術品，但非主力產品。

十七、性商品：工商社會的多元與部份「物化」。

十八、脫臭劑：追隨化妝品市場的成長。

十九、化妝用具：屬化妝品的週邊產品。

　判斷公元二〇〇〇年各行各業的直銷前景，不論等級如何區分，傳銷公司與直銷商應針對本身的專業特長，適當選項投入經營，形成重點較易於成功。

経營大志典

✿我們雖然知道前途莫測，卻依然憑著可貴的勇氣挺身走險。

—古希臘·希羅多德

結論

圓一個幸福、成功的人生美夢

　　本書從傳銷事業經營及體驗，兼顧理論與實際需要，以最有系統、最週全、最細密之思考角度來撰寫，幫助有志傳銷業的讀者圓一個幸福、成功的人生美夢。

圓一個幸福、成功的人生美夢

　　本書從傳銷事業經營之體驗，兼顧理論與實際需要，以最有系統、最週全、最細密之思考角度來撰寫，唯一的希望是使本書成為任何直銷商經營之寶典。

　　首先列舉違法傳銷公司的處分案，讓直銷商看清某些經營者與受害者的經歷過程，請你提高警覺。

　　第二章要告訴你如何解開傳銷迷惑，跳開傳銷陷阱，使你永遠不會成為直銷業的受害者。

　　第三章告訴你如何選一家好的傳銷公司，包含公司現況、制度、產品、訓練、利潤與合法性，這是走入傳銷之門的第一步。走對了就海闊天空了，走錯了，公司倒了，你也垮台。

　　第四章告訴你如何成為卓越的傳銷商，從歸零學習、

經營大志典

❀凡事慎之於始，庶幾可善其後。

——清・左宗棠

教育訓練、銷售、推荐、服務與分享、組織網建立、複製、兼職到專職，及邁向鑽石之路，每一節都是關鍵。從理念認知，到落實執行，步步都要認真做好，從嚴律己，才是通往鑽石之路。

第五章對直銷前景做總體性評估，讓直銷公司、直銷商及有心投入的新人們，能夠理性而客觀的看清未來，做為走向未來之指南針。

財富＋自由＋尊嚴＋朋友＝幸福、美滿與成功的人生。

做傳銷事業幫你完成人生的理想。

經營大志典

❀謹慎比大膽要有力量，看起來什麼也不怕的人，是多麼害怕對什麼都小心翼翼的人。

一法・雨果

經營手記

附錄

傳(直)銷「商德約法」彙編

　　本附錄包括世界直銷商德約法與台灣直銷協會商德約法兩部分，係針對直銷公司與直銷員間的關係，直銷業與消費者間的關係而制定。雖無法律效力，卻是業者提升公眾形象的必要道德規範，可為行為的備忘錄。

6-1世界直銷商德約法

有關顧客服務

一、通則

㈠協會及範圍

有關顧客的世界直銷商德約法，是世界直銷聯盟為遍及全世界的各國直銷協會會員所制訂公布。本商德約法一方面是針對直銷公司與直銷人員之間，另一方面是有關與消費者之間的相互關係而制訂。

本商德約法的要宗旨為：

——滿足消費者的需求並維護消費者的權益；

——於自由企業體制中提倡公平競爭的經營理念；

——提升直銷的公眾形象。

經營大志典

❀處利，則要人做君子，我做小人；處名，則要人做小人，我做君子；斯惑之甚也。

—明‧呂坤

(二)專門用語

商德約法中之專門用語解釋如下：

直銷：直接於消費者家中或他人家中，工作地點或商店以外的地方進行的消費品或服務詳細說明或示範。

直銷協會：直銷協會是全國性直銷公司的協會，代表一個國家的直銷業。

直銷公司：直銷公司是透過直銷體系來銷售其產品的商業組織，擁有自己的產品商標、服務標章或不同國家的直銷協會識別標章。

直銷人員：直銷人員是直銷公司的直銷體系會員中的成員。直銷人員可以是代理商、承包商、經銷商及批發商，受雇或獨立經營特許授權商。

產品：包括產品及服務。

銷售：銷售行為包括拜訪潛在顧客，介紹並示範產品使用方法，接訂單並於買賣成交後送貨及收款。

經營大志典

✿為人謀事，如為己謀事，而後慮之也審；為己謀事，又必如為人謀事，而後見之也明。

一清・史搢臣

家庭聚會：直銷人員到邀請了其他人聚會的女主人家中介紹並示範產品使用方法。

訂購單：包括印刷或手寫的訂單、收據或合約。

推薦活動：任何介紹他人成為直銷人員的活動。

商德約法督導人：由直銷協會指派的個人或團體，其任務是督導會員公司對商德約法的遵循，同時負責處理消費者、詩史人員及直銷公司的申訴案件。

㈢直銷公司

每個會員公司均須信守商德約法，方可成為或繼續為直銷協會的會員。

㈣直銷人員

直銷人員不得申請成為直銷協會的會員，亦不直接受制於商德約法，但須與所屬直銷公司簽約遵循法規。

㈤自律

商德約法是直銷業自律的準則而非法令，所要求的職

經營大志典

❀辦事不可有成見，惟期事之有濟於公，理之必歸於是，利之必得其平而已。

—明・呂坤

責是超乎法令所要求的商業道德，不遵守商德約法並不直接產生民事責任。當直銷公司之直銷協會會員資格被解除時，即不再受制于商德約法。

㈥法令

直銷公司及直銷人員理應遵守各國政府頒定的法令，本商德約法並不重述所有法令的規定。

二、有關顧客之營業守則

㈠表明身份

開始介紹直銷計劃時，直銷人員即應自動向潛在的顧客表明身份，並告知代表的公司、銷售的產品及拜訪的目的。在家庭聚會中，直銷人員應向女主人及在場參加聚會者表明聚會的目的。

㈡說明及示範

產品的說明及示範應正確及完整，尤其是關於產品價格或分期付款價格、付款方式，猶豫期或退貨權利，品質

經營大志典

✽行事說話，先存心為自己想一想，再存心替人想一想，乃無窒礙。

—民國・陶覺

保證及售後服務、送貨等事項。

(三)答覆問題

直銷人員應明確答覆顧客所提出的有關產品及買賣問題。

(四)訂單

買賣成交時應給予顧客一份書面訂單，上面須列出直銷人員及公司的全名、永久住址與電話號碼，並應詳列(二)守則所提的事項。

(五)口頭承諾

直銷人員應在公司授權內作出口頭承諾。

(六)猶豫期及退貨

不論法令是否規定，直銷公司及直銷人員應在訂單上明列猶豫期條款，即顧客可在一定期間內解約並取回所有貨款。若直銷公司或直銷人員所提供的是無條件退貨，則應以書面明列之。

經營大志典

❀事無兩樣人心別。

—宋・辛棄疾〈賀新娘〉

㈦品質保證及售後服務

訂單或其他附件應明列品質保證條件、售後服務的方式及範圍、保證人的姓名住址、買方所享有的保證期限及補償辦法。

㈧文宣

促銷文宣、廣告或信件均不得刊載誇大不實的產品介紹、產品聲明或插圖，且應印有公司之全名及地址。

㈨見證資料

直銷公司及直銷人員不得引用未經授權、不實、過期，已作廢的見證資料或擔保書來誤導消費者。

㈩比較及詆毀

直銷公司及直銷人員舉例比較時，論點必須根據事實並有明確的證據，且不得使用容易誤導及有違公平競爭原則的方式作為比較。另外，也不得以直接或影射方式來詆毀任何公司或產品，更不得仿冒他人公司之名稱或產品之

經營大志典

✿缺少熱心的人，永遠不能做偉人、成大事。

　　　　　　　　　　　　　　　　　—德·白爾尼

商標。

(十一)尊重隱私權

直銷人員應選擇適當時機，以得體的態度進行個人拜訪或電話拜訪，避免妨礙對方，並應於消費者要求停止時立即中止產品示範或直銷計劃說明。

(十二)正直原則

直銷人員應顧及對方商業經驗的不足，不可濫用消費者的信賴，也不可利用對方之高齡、疾病、語言能力及理解力之不足而強迫推銷，更不可以請求對方幫忙或以結束產品示範為條件的方式誘使顧客購買產品。

(十三)引介式推銷

直銷公司及直銷人員不得以告訴直銷，只要介紹買主給賣方即可享受折扣或折現的方式，而引誘購買產品或服務，尤其是此種折扣或折現優待並無任何保障時更不得提供不合理的高報價要求顧客引介其他買主。

經營大志典

❀處處熱心的人生，是達到事事滿意的人生中的一條橋樑。

—英・派克

㈥送貨

直銷公司及直銷人員應確保顧客所訂購的產品能正確完整並準時的送達。

三、商德約法之施行

㈠直銷公司之職責

直銷公司之首要職責即遵守本商德約法，若有違反之情形發生，直銷公司應盡可能滿足申訴者之要求。

㈡直銷協會之職責

直銷協會應盡可能妥善處理申訴案件，且應指派人員負責處理。

㈢商德約法督導人

直銷協會應指派個人或團體擔任商德約法督導人之職，以便採取適當行動來督導直銷公司遵守商德約法，並妥善處理因違反商德約法而產生的顧客申訴案件。

㈣調解行動

經營大志典

熱心乃事業之精神。

—德國諺語

　　調解行動可由直銷公司、直銷協會或商德約法督導人
自行決定，其中包括取消訂單、退回購品、返還價金或其
他方法。

㈤申訴之處理

　　直銷公司、直銷協會及商德約法督導人除免費處理顧
客申訴案件外，應訂定一套申訴處理程序，以確保申訴案
件的收件迅速且於合理期限內提出解決方案。

㈥商德約法之推廣

　　直銷協會、直銷公司及直銷人員應推廣本商德約法，
並免費購閱文宣品予社會大眾。

有關直銷人員與直銷公司之間

一、通則

㈠協會及範圍

　　針對直銷人員與直銷公司之間的世界直銷商德約法，

經營大志典

❀不熱愛工作者，不得食。

　　　　　　　　　　　　　　　　　　　　　　　—西洋諺語

是世界直銷聯盟為遍及全世界的各國直銷協會會員所制訂公布。主要內容是針對直銷公司與直銷人員之間，及直銷公司彼此之間的關係而制定。

(二)專門用語

商德約法中之專門用語解釋如下：

直銷：直接于消費者家中或他人家中，工作地點或商店以外的地方進行的消費品或服務詳細說明或示範。

直銷協會：直銷協會是全國性直銷公司的協會，代表一個國家的直銷業。

直銷公司：直銷公司是透過直銷體系來銷售其產品的商業組織，擁有自己的產品商標、服務標章或不同國家的直銷協會識別標章。

直銷人員：直銷人員是直銷公司的直銷體系會員中的成員。直銷人員可以是代理商、承包商、經銷商及批發商，受雇於公司或獨立經營特許授權商等。

經營大志典

❀成績與熱情是成正比的。在充滿熱情和朝氣蓬勃的部門，有一種沒有什麼事實現不了的力量。熱情可以改變人。

—日・富山英雄《人才培養秘訣》

產品：包括產品及服務。

推薦活動：任何介紹他人成為直銷人員的活動。

商德約法督導人：由直銷協會指派的個人或團體，任務是督導會員公司對商德約法的遵循，同時負責處理消費者、直銷人員及直銷公司的申訴案件。

(三)直銷公司

每個會員公司均須信守商德約法，方可成為或繼續為直銷協會的會員。

(四)直銷人員

直銷人員不得申請成為直銷協會的會員，亦不直接受制於商德約法，但須與所屬直銷公司簽約遵循法規。

(五)自律

商德約法是直銷業自律的準則而非法令，所要求的職責是超乎法令所要求的商業道德，不遵守商德約法並不直接產生民事責任。當直銷公司之直銷協會會員資格被解除

經營大志典

✸我們的責任就是：每個機會均是義務，每項財產都是責任。

——美・洛克菲勒

時，即不再受制於商德約法。

㈥法令

直銷公司及直銷人員理應遵守法令，本商德約法並不重述所有法令的規定。

二、直銷人員之營業守則

㈠直銷人員之遵循

直銷公司應要求其直銷人員遵守本商德約法或類同的營業守則，以作為加入公司直銷體系的條件。

㈡推薦活動

直銷公司及直銷人員應以最誠信的方式推薦直銷人員，提供給直銷人員或未來直銷人員有關直銷創業機會及其權利義務之資料應詳盡正確，且不得提出不實的言論或無法實現的承諾。

㈢資訊

直銷公司應提供詳盡正確的資料給直銷人員，告知有

經營大志典

✿每天要做一點你所不願意做的事情。這是一條最寶貴的準則，它可以使你養成認真盡責的習慣。

—美・馬克吐溫《赤道環遊記》

關直銷創業機會及其權利義務，同時應以坦誠明示的方式，告知未來直銷人員有關直銷創業機會的各種好處。

㈣收入聲明

直銷公司及直銷人員不得誇大直銷人員的實際或可能達到的銷售業績及收入；任何收入或銷售業績均須有事實及文件作根據。

㈤契約書

直銷公司應提供直銷人員一份需經過雙方簽署的契約，內容應詳列雙方基本的權利義務關係。直銷公司並應告知直銷人員應負的法律責任，如營業執照、註冊登記及稅金等。當直銷人員之契約被終止時，直銷公司不得要求直銷人員繳納額外之違約金。

㈥費用

直銷公司及直銷人員不得向其他直銷人員收取不合理的費用，如入會費、訓練費、經銷權費或任何有關加入直

經營大志典

❀人能盡自己的責任，就可以感覺到甜蜜，把人生這杯苦酒的滋味給抵消了。

—英・狄更斯

銷業之費用等。

(七)終止契約

直銷人員終止契約時，直銷公司應向直銷人員買回可
供再銷售之存貨，包括輔銷器材及創業資料袋，除了收取
合理之手續費外，應以全額買回。

(八)存貨

直銷公司不得要求或鼓勵直銷人員購買過量之存貨。
合理存貨應考量的重點為：存貨量與預期之銷售量，產品
性質、市場競爭力、市場狀況及直銷公司之退貨、退費制
度。

(九)獎金及獎金清單

直銷公司支付獎金予直銷人員之際，應提供一份詳列
各項獎金的清單（包括佣金、獎金、折扣、運費，取消訂單及
其他事項）。所有應付款項應準時支付且不得有不合理的扣
留。

經營大志典

✿在看到責任來臨的時候，勇於盡責是使責任正當與完整的
表現。

——美·漢姆斯寇德

㈩教育及訓練

直銷公司應提供直銷人員適當的教育及訓練，且提供書面資料詳述直銷人員應遵守的法令、商德約法、應盡的義務及直銷公司、產品、市場的介紹。

(十一)推薦之報酬

直銷公司及直銷人員，不得借支付不合理的高報酬，而要求其他直銷人員或顧客介紹新進直銷人員或新買主。

三、直銷公司之間的營業守則

㈠原則

直銷協會之會員公司應對其他會員公司公平相待。

㈡勸誘

直銷公司及直銷人員不得透過廣告或其他溝通方式，直接或間接誘惑慫恿其他直銷公司之員工或直銷人員離開原有公司，且不得有計劃性地對其他公司人員進行挖角。

㈢詆毀

經營大志典

感到自己有責任，力量和勇敢自會神祕地湧出。

—法・法斯特

直銷公司應禁止直銷人員詆毀其他公司的產品、業務計劃或其他事項。

四、商德約法之施行

(一)直銷公司之職責

直銷公司之首要職責即遵守本商德約法，若有違反商德約法之情形發生，直銷公司應盡可能滿足申訴者之要求。

(二)直銷協會之職責

協會應盡可能妥善處理申訴案件，且應指派人員負責處理申訴案件。

(三)商德約法督導人

直銷協會應指派個人或團體擔任商德約法督導人之職，以便採取適當行動來督導直銷公司遵守商德約法，並妥善處理因違反商德約法而產生的顧客申訴案件。

(四)申訴之處理

❀幹什麼說什麼，賣什麼么喝什麼。

—中國諺語

直銷公司、直銷協會及商德約法督導人除免費處理顧客申訴案件外，應訂定一套申訴處理程序，以確保申訴案件的收件迅速且於合理期限內提出解決方案。

㈤直銷公司之申訴

直銷公司對另一直銷公司或對直銷協會之申訴，應由直銷協會制定處理之程序，並交由商德約法管理人或獨立仲裁者處理。

㈥商德約法之推廣

直銷協會、直銷公司及直銷人員應推廣本商德約法，並免費購閱文宣品予社會大眾。

經營大志典

★幫助一個人莫過於讓他負責，使他知道你相信他。

　　　　　　　　　　　　　　　　　　　　—美·華盛頓

6-2台灣直銷協會商德約法

（1991年4月8日第一屆第三次理監事會通過）

一、此商德約法係旨於保護消費者權益，期使直銷交易健全發展，各會員同意遵守的基本營業規範。

二、會員須有貢獻於提升國民生活品質，及尊重消費者權益之「經營理念」為前提來從事直銷活動。

三、會員應遵守有關直銷之法律和其他有關法令，努力以誠信原則來進行直銷交易，以形成良好的商業秩序。

四、會員公司應設立適當的教育制度，加強對直銷人員的輔導教育，以提升直銷人員之素質。

五、會員公司應誠實正確地將其所銷售產品之內容品質、性能、數量、價格及條件告知消費者。

六、會員公司應努力預防消費者抱怨之產生，並建立

經營大志典

❀只有尋常才幹但具有不尋常恆心的人，一切均可獲致。

—英‧巴克斯頓

顧客服務體制，迅速處理之。

　七、會員公司應輔導直銷人員以徹底做到上列各項約法並不得為下列各項行為：

　㈠與消費者利益相悖的銷售。

　㈡銷售時中傷、誹謗。

　㈢直銷時使用詐術。

　㈣強迫拉人銷售。

　㈤其他欺瞞手段等不當勸誘方法銷售。

經營大志典

❋所有堅韌不拔的努力遲早會獲得報酬的。

　　—法・安格爾

經營手記

參考文獻

一、書籍

1　必睿智，傳銷心法（台北：眾望文化事業公司，出版時間不明）。

2　李漢華，異軍突起的直效行銷（台北：漢宇出版公司，一九九三年十一月初版）。

3　陸嘯釗，多層次傳銷──被誤解的商法（台北：敬源文化事業公司，七十九年六月一日，三版）。

4　張駿騰、李育哲，傳銷寶典（台北：三思堂文化事業公司，一九九五年十二月初版）。

5　劉元卿、陳若仙，認識傳銷制度（台北：傳銷世紀文心事業公司，一九九三年九月，五版）。

6　張誠，傳銷兵法（台北：漢宇出版公司，一九九五年九月）。

7　劉元卿、陳若仙，為甚麼要從事傳銷事業（台北：光遠文化有限公司，一九九四年七月，初版）。

8　小施忠嗣，多層次傳銷學（台北：百錄企業管理顧問公司，八十一年元月，六版）。

9　陳明毅，一夕致富的多層次傳銷（台北：漢宇出版公

司，八十一年三月）。

10　梁雲芳，傳銷領袖、傳銷路（台北：眾望文化事業公司，八十二年十月）。

11　鄭寬賢、黃偕珉，傳銷事業行動法則（台北：眾望文化事業公司，八十二年七月）。

12　方天龍，傳銷秘笈（台北：漢湘文化事業公司，一九九四年二月）。

13　吳水丕，多層次傳銷（台北：青春出版社，七十七年元月）。

14　張尤娟、胡德玫，主動出擊（台北：百錄企業管理顧問公司，七十九年九月，三版）。

15　方子雄，訪問販賣要訣（台北：百錄企業管理顧問公司，七十九年七月）。

16　顏明健，多層次直銷制度剖析（台北：三民書局，八十一年三月）。

17　王樺，信守承諾的安麗（台北：漢湘文化事業公司，一九九三年八月）。

18　朱成廣，推銷成功的步驟（台北：先見出版公司，一九九四年十月二十日，一版）。

19　方子雄，破繭而出（台北：百錄企業管理顧問公司，七十八年八月）。

20 方子雄，推銷怪傑—世界十大推銷員成功秘訣（台北：百錄企業管理顧問公司，八十年三月）。

21 方子雄，智慧型談判（台北：百錄企業管理顧問公司，七十九年四月）。

22 鈕撫民，推銷實務面面觀（台北：哈佛企業管理顧問公司，七十二年七月）。

23 高希均，經濟學的世界，上下篇（台北：天下文化出版公司，一九九一年元月三十一日，一版）。

24 中村學史，組織銷售（台北：青春出版社，七十九年二月）。

25 古漢忠，系統與您（台北：宏賀企業有限公司，八十二年十月三十日）。

26 彭杏珠，傳送最直接的關懷（台北：商周文化事業公司，一九九四年六月二十日，初版）。

27 李秀鳳，攀越顛峯—24對成功傳銷商的現身說法（台北：成長國際文化事業公司，八十二年十二月，初版）。

28 張哲豪，多層次傳銷之教戰守策（台北：百麗文化事業公司，八十二年八月十日）。

29 蔡佩娟、謝閔瑜譯，慈悲的資本主義（台北：展益文化事業出版社，八十四年元月，初版）。

30　陳振遠、陳振田編譯，行銷管理─分析、規劃與控制（台北：五南圖書出版公司，八十年九月，二版）。

31　多層次傳銷案例彙集，增訂二版（台北：公平交易委員會，八十四年四月）。

32　安麗事業手冊，一九九四年元月修訂版。

二、報紙、專文

1　「傳銷十三論」，工商時報，八十一年七月三十日─十月三十日。

2　趙愛卿，「多層次傳銷的致富迷思」，中國時報八十三年七月二十四日，第四十一版。

3　林滿秋，「傳銷書籍銷售新尖兵」，中央日報，八十四年十月十八日，第二十一版。

三、雜誌

1　突破，八十二年九月號。

2　安麗月刊，八十三年九月─八十四年十二月。

3　雙鶴月刊，八十三年九月─八十四年五月。